平凡社新書
891

世界史のなかの文化大革命

馬場公彦
BABA KIMIHIKO

HEIBONSHA

世界史のなかの文化大革命●目次

序章　文革五〇年目の亡霊……9
文革の「亡霊」とは何か／アジアからみた「1968」

第1章　革命の夢――北京―ジャカルタ枢軸……19
中国とインドネシアの紐帯／バンドン精神の結晶／共産主義に傾斜するインドネシア
第二回AA会議を目指して／インドネシア貿易の日本商人／流産した第二回AA会議
アジアの革命――屈辱の近代と、抵抗の戦後

第2章　革命勃発――9・30クーデター事件……45
一日だけのクーデター／事件の真相は／「ワニの穴」を訪れる
中国から見た9・30事件／クーデター計画を事前に知らされた毛沢東
アイディットの自供書／アイディットを悼む毛沢東

第3章　革命失敗――赤狩りと華僑弾圧……69
「赤狩り」反共キャンペーン／「赤狩り」を中国はどう報じたか／中国の国際的孤立
「反華排華」反中キャンペーン／華僑迫害を中国と台湾はどう報じたか

「難僑」の帰郷／華僑農場をたずねる／華僑農場の実態／社会暴力としての華人迫害

第4章 マオの革命——文化大革命の嵐…………101
中間地帯論の変質／失意の毛沢東、流離の八カ月／9・30事件失敗の教訓
日本共産党代表団との会見／日本共産党と中国共産党との決裂／起死回生の文革発動
「司令部を砲撃せよ」／強力な援軍、紅衛兵／「燎原を焼き尽くす炎」

第5章 革命連鎖——西側に飛び火した文革…………135
世界革命としての文革／文革の日本上陸／日共系組織の分裂／新左翼運動を刺激
共感派の礼賛／権力闘争論からの批判／異種交配型雑種革命／パリ五月革命とマオイズム
「パリに吹いた東風」／アメリカのベトナム反戦・公民権運動／CCASと文革
「反システム運動」として

第6章 反革命——台湾発アメリカ行き「東京クラブ」…………181
革命失敗がもたらした暗転／台湾から見た9・30事件／台湾のインドネシア華僑
台湾の対インドネシア工作——西側世界への足がかり
「東京クラブ」結成——西側のインドネシア包囲網

台湾に「インドネシア工作指導小組」結成／中国との断交をめざして
中国の国連復帰を後押ししたマリク外相とストミセン
資本主義vs.共産主義――レジリエンスの相克

第7章 遠距離革命――西カリマンタン武装蜂起……213
再建されたインドネシア共産党／ユスフ・アジトロップという人物
西カリマンタンを訪れる／インドネシアのなかの小中華／西カリマンタンの火焔山部隊
農村革命の舞台／林彪の人民戦争論を実践／ダヤク族との民族紛争で華人追放
追放された華人の難民体験／遠距離革命として

第8章 革命無残――ユートピアの終焉……247
インドネシア軍の掃討作戦で鎮圧／スカルノの晩年／インドネシア束の間の春
紅衛兵運動のエスカレート／紅衛兵の下放・革命委員会・兵営国家化／劉少奇、非業の死
中ソ紛争と第九回党大会／米中接近へ／林彪事件の衝撃／個人意識と思想解放のめざめ
盛り上がらない批林批孔運動／マオの死と文革の終わり
林彪事件・あさま山荘事件・ミュンヘン五輪テロ事件

第9章　革命残響――夢が消えたあとに……293
一九八一年歴史決議で文革全否定／二〇世紀最後の革命／事件の世界史的意義
山口県のマオイスト／「天安門の学生運動は国際的大謀略」

終章　過ぎ去らぬ「革命の亡霊」……311
打ち砕かれた革命の夢／「東風が西風を圧倒する」再び

あとがき……318

参考文献……324

一次文献　＊（　）は本書での略記号

『人民日報』中国共産党中央委員会（人日）

『北京周報』北京周報社（周報）

『建国以来毛沢東文稿』全一三巻、中共中央文献研究室編、中央文献出版社、一九八七―九八年（文稿）

『毛沢東文集』全八巻、中共中央文献研究室編、人民出版社、一九九三―九年（文集）

『毛沢東外交文選』全一巻、中華人民共和国外交部・中共中央文献研究室編、中央文献出版社・世界知識出版社、一九九四年（外交文選）

『毛沢東年譜（一九四九―一九七六）』全六巻、中共中央文献研究室編、中央文献出版社、二〇一三年（年譜）。例えば〔年譜5、542／1965.12.11〕とは、『毛沢東年譜』第五巻の五四二頁にあり、それは一九六五年一二月一一日の記事であることを示す。

（台湾）中央研究院近代史研究所檔案館（中研）

（台湾）國史館（国史）

『インドネシア通信』財団法人日本インドネシア協会（通信）

・本書に掲載した写真は、帯と二六頁のものを除き、すべて著者が撮影したものである。

序章　文革五〇年目の亡霊

文革は破壊的な惨劇だった
今なおその傷跡は癒えていない
虫の眼と鳥の眼から、文革の真実と
徘徊《はいかい》する革命の亡霊の正体に迫りたい

文革の「亡霊」とは何か

二〇一七年、「プロレタリア文化大革命（文革）」の舞台となった中国では、半世紀前に起こった出来事を回顧したり記念したりする行事はいっさいなかった。国内のあらゆる動静は、第二期習近平《シージンピン》政権の指導体制を固めることにつながった、秋の第一九回共産党大会に照準が定められていた。

そもそも文革について、本国では研究を公開することや公式の場で語ることは禁じられている。一九七六年九月九日、文革を主導した毛沢東《マオツオートン》が死去し、その直後に文革を先導した四人組が逮捕されて裁判にかけられた。こうして文革は、その発動から一〇年の後、その幕を下ろした。毛沢東を継いだ華国鋒《ホワクオフオン》が失脚した後、八一年、実質的な党指導者となった鄧小平《ドンシャオピン》が主導して、党中央委員会で、「建国以来の党の若干の歴史問題に関する決議（歴史決議）」が採択された。そこでは、文革は毛沢東が引き起こした「極左路線の重大な誤り」であり、「党と国家と人民は建国以来最大の挫折と損失を蒙《こうむ》った」とされた。八八年には中共中央が文革研究の公開や出版、文革を題材とした文藝作品の制作を厳しく制限した通達が出された〔加々美 12〕。魯迅・周作人研究の銭理群・北京大学教授は、このことは「記憶の忘却」「忘却の強要」であるとして、「忘却を拒絶しよう」と呼びかけている〔銭〕。

公式の場で文革の語りを禁じるということは、文革に対する再評価の兆しを封じこめておけば、災厄の再演は回避されるだろうという知恵でもある。文革当事者たちの忘却と、文革を知らない新世代人口の増加によって、文革の災厄の再来は避けられるかもしれない。

だが、多大な犠牲をもたらし、加害者と被害者がいまも隣り合って暮らしている社会で、犠牲の真相究明への道が塞がれ、加害者の謝罪と被害者への補償がなされないとすると、集団としての記憶は形成されないだろう。傷跡が癒される機会は失われたまま放置されている状態でもある。過ぎ去らない文革の過去が、癒されない鬱積《うっせき》した怨念と化して、いつまた「亡霊」のように現れてくるかもしれない。

じっさいに、強要された集団忘却のさなかにありながら、文革が再演されるかのような動きが、最近の中国で起こっている。

中国に四つある直轄市の一つ重慶で、二〇一二年、尖閣諸島（中国名・釣魚島）の日本国有化に反対する集団が、毛沢東の肖像画を掲げ、「毛主席万歳」を叫ぶ反日デモを繰り広げた。重慶市では市の書記を務めていた薄熙来《ボーシーライ》が、革命歌（「紅歌《ホングー》」）を合唱する「唱《チャン》紅《ホン》」運動、汚職官僚や暴力団などの腐敗分子を打倒する「打黒《ダーヘイ》」運動などによって民衆を動員し、重慶市の経済を健全に成長させた。デモの直前、習近平政権によって薄熙来の不正蓄財が摘発され、薄は逮捕されすべての公職を解任されていた。習近平政権は、政権発足当初から「トラもハエもたたく」とばかりに反腐敗運動を積極的に展開し、指導幹部の腐敗行為にも厳しくメスを入れ、薄を含む多くの権力者が権力の座から転落した。その目的は、自らを「権力核心」と称するような、権力の集中にあった。薄熙来にせよ習近平にせよ、標的となる敵を公衆の面前に晒《さら》して、民衆動員と個人崇拝によって既成権力の打倒を図るという手法と目的は、かつての文革を彷彿《ほうふつ》とさせる。

文革の亡霊がまだ消えずに徘徊しているかのようだ。

文革の亡霊とはいったい何だろうか。

亡霊とは実体のないものだから、定義することは難しい。ただし、現象として指摘できることはある。

第一に、消えたと思えば現れる。文革を公式に全面否定し社会が否認したとしても、似たような社会現象が起こる。

第二に、幽霊のように頭と尻尾がはっきりしない。いったい文革はいつ始まっていつ終わったのか。毛沢東の個人意思によって権力獲得のために始まったとするならば、劉少《リウシャオ》奇《チー》から国家主席の座を奪還した時点で文革は終息したはずなのに、全国・全社会に拡大して収拾がつかなくなった。ではいつ終わったのか。七一年の林彪《リンビヤオ》事件か。七六年の第一次天安門事件か。毛沢東死去か。四人組逮捕か。それとも八一年の「歴史決議」なのか。その輪郭もあいまいだ。それればかりか文革は中国国内だけでなく世界各地に衝撃を与え、飛び火して変形してさまざまな社会運動や思想をもたらした。

第三に、社会集団に憑依《ひょうい》して制御不能状態に陥れる。そして混乱と無秩序と破壊をもたらす。

身近な日本の例で示そう。

文革が起こったとき、中国ではさかんに「魂に触れる革命」「造反有理」「すべての牛鬼蛇神を打倒せよ」「四旧を破壊し、四新を打ち立てよ」といったスローガンが叫ばれた。それが同時期の日本に入ると、「造反有理」「自己否定」「帝大解体」といった標語となって、大学紛争のさなかの立看板に書かれた。革命への狂騒状態が若者の間に蔓延し、主な大学でロックアウトを余儀なくされ、授業や入試が中止された。ところが、六九年末の東大安田講堂の攻防が機動隊導入によって終息すると、憑《つ》き物《もの》が落ちたように、キャンパスは平穏を取り戻した。

さらに歴史を遡《さかのぼ》ってみよう。

百年ほど前、魯迅の代表作「阿Q正伝」（一九二一年）の一節である。

革命党が阿Qの住む未荘の街を襲うと、阿Qは自分が革命党員だとばかりに有頂天になり、「造反だ！　造反だ！」とわめく。すると、それまで自分を馬鹿にしていた未荘の人たちの驚いたような目を見て、未荘の人が自分の俘虜《ふりょ》になったような気分になって、得意のあまり「よし、……俺はなんでも思うがまま、誰もが俺の思うがまま。……手に鉄の鞭持ってお前をぶってやる」と叫ぶ。阿Qがそれまでの鬱屈をひっくり返して高揚した陶酔感に浸ったのもつかのま、やがて未荘の革命のから騒ぎが過ぎると、役所に突き出されてあえなく刑場の露と消えるのである。

革命の狂信が憑依し束の間のユーフォリア〔陶酔〕のあと、ユートピアの夢は一挙に醒めて、ディストピアの現実につき戻される。社会はカタストロフ〔大破滅〕の惨劇がもたらすトラウマにさいなまれるのである。

日本における文革研究の先駆者、国分良成・防衛大学校校長は言う。

「文革を言説から見た限りでは管理体制・官僚制打破、エリート教育批判の側面を有しており、それらを鵜呑みにすることで理想化する知識層や青年層が出現しても不思議はなかった。またそれは、米国におけるベトナム反戦や黒人公民権の運動などとの共鳴板を持ちやすかったことも事実である。要するに、同時代史的に見れば、文革は一九六〇年代後半から七〇年代前半にかけて世界的に起った、一種の反体制ユーフォリアの起爆剤であったと考えることもできよう」〔国分 238〕

現実に起こった文革とはどのようなものだったのか。

本書では文革の後に明らかになった事実からの後追いや後世の評価をなぞって断罪したり評価したりはしない。同時代に生きた当事者の眼で、文革が生起し展開していく実態を追ってみることとしたい。むろん筆者は文革の狭義の当事者でもなければ体験者でもない。文革世代ではないうえに外国人である。とはいえ、文革の影響を顕著に受けた日本に生まれ育った。

文革は中国という特殊な空間、特殊な歴史条件の下で起こった一度きりの出来事なのだろうか。あるいは、ある条件のもとではどの国どの社会でも起こりうる現象であり、まさしく亡霊のように連鎖し反復して起きることはあるのだろうか。

文革を外から鳥の眼で俯瞰して眺めることで、文革という現象を照射してみたい。

アジアからみた「1968」

これまでの文革関連本では、証言録・回顧録・体験記から研究書・啓蒙的な文革通史にいたるまで、その発生要因に関しても、発生後の展開に関しても、一国内部で完結した特殊な出来事として書かれているものが、いまだに圧倒的に多い。したがって通常の文革は、中国現代史における特殊な「一〇年の災厄」として受けとめられてきた。そのような一国史型文革観に対して、本書は文革の国際的要因と越境性を重視したもう一つの見方を提示し、文革のもう一つの真実に迫りたい。

本書はまた半世紀前の一九六八年に起こった若者たちの反乱、いわゆる「1968運動」「1968革命」について、なぜあのような革命運動が、とりわけ若者たちの間で、しかも世界同時多発的ともいうべき状態で起こったのかという問いに、著者なりの一つの回答を提示することをめざしている。この「1968」問題は、近年とみに学術界で専門の違いを超えて関心の高まりをみせている。管見《かんけん》の及ぶ範囲で言えば、やや遡れば岡本宏による編著『「一九六八年」時代転換の起点』（一九九五年）のあと、小熊英二の大著『1968』（上下、二〇〇九年）を挟んで、油井大三郎編『越境する一九六〇年代』（二〇一二年）、西田慎、梅崎透による編著『グローバル・ヒストリーとしての「1968年」』（二〇一五年）があり、一九六八年から五〇年後の今年、雑誌『思想』で特集〈1968〉が組まれた。また、1968運動に伴った、音楽・写真芸術・演劇・舞踏・漫画などの大衆文化の分野で、当時「アングラ文化」と呼ばれたような特異な文化現象が生起したことに注目した四方田犬彦による一連の著書（『ハイスクール1968』二〇〇四年）・編著書（四方田犬彦・平沢剛『1968年文化論』二〇一〇年、『1968（1）文化』『1968（2）文学』『1968（3）漫画』二〇一八年、筑摩書房など）も見逃すわけにはいかない。

小熊の単著は、一九六八年をピークとする日本の学生運動を回顧的ではなく社会科学的な手法からその社会的歴史的背景に迫るという意味で、それまでの体験者による回顧録的著作とは一線を画すものであった。だが、考察の対象においても、分析のための参照文献においても、射程は日本一国にとどまり、世界同時多発性の実態と謎に迫るものではない。

他の編著は、考察の対象を「1968運動」が顕著に見られた世界各国に広げ、多角的な分析がなされている。国際的越境のリアルに迫るという意味で、まさに「グローバル・ヒストリーとしての「1968年」という視角によって貫かれている。本書の問題意識もまさにそこにある。

ただ編著のならいとして、個別執筆者の専門領域に応じて、個々の論文は各国一国史としての叙述の範囲を出るものではなく、「1968運動」の越境性と連鎖性という問題意識に十分こたえてくれるものとはいいがたい。油井編著はその副題から当然ではあるが、西側諸国間（とりわけアメリカ・フランス・ドイツ・英国・イタリア、そして日本）の連鎖性は強く意識され考察されている。東側あるいは第三世界との連鎖性については、ベトナム反戦については当然のことながら運動の動機としてほぼ全編にわたって言及される。しかしながら、中国の文革との連鎖性については、文革についての個別論文は別として、キューバ革命のカストロやゲバラと同様、毛沢東や「造反有理」の標語が学生運動家や新左翼運動家たちのアイコンとして使われたという程度で、具体的な事象に即した考察や掘り下げた分析は見られない。

本書においても、「１９６８運動」の同時多発性あるいは「１９６８現象」の連鎖性という同じ問題意識に立つ。当然のことながら考察の射程は一国内だけに限定されるものではない。とはいえ、中国とインドネシアとせいぜいのところ日本を中心とした西側諸国の一部にしか過ぎない。ただ、先行研究との違いは、同時多発性の震源を文革の中国におき、インドネシアと日本といったアジアにおける革命的契機の越境性・連鎖性・相互性に着目することにある。

これまでもアジア発の越境性ということでいえば、ベトナム戦争については、アメリカやフランスでのベトナム反戦運動、日本のベ平連運動と学生らの異議申し立て運動の関連性から、回顧録も含め研究成果が厚く蓄積されている。しかし、文革の世界革命としての衝撃力・影響力や、インドネシアの革命運動との連鎖性ということについては、その視点に立った研究が継続的になされてきたとはとうてい言いがたい。

アジアからみた「１９６８」とは何だったのか。毛沢東が一九五七年にモスクワを訪れたさいにソ連留学中の中国人学生に向けて行った講話になぞらえて言えば、はたして「東風は西風を圧倒する」ことになったのだろうか。

第1章　革命の夢
——北京—ジャカルタ枢軸

二〇世紀は、世界戦争と
革命の時代であった
帝国主義支配の試練を経て
アジアが描いた革命の夢とは……

中国とインドネシアの紐帯

中華人民共和国とインドネシア。

この二つの国家を並べてみても、日本人にはあまりピンと来ない。

中華人民共和国は一九四九年一〇月一日に建国し、インドネシアは同年一二月二七日に宗主国オランダからの主権移譲を果たした（独立宣言は一九四五年八月一七日）。いずれも第二次世界大戦後に独立した、国家としては歴史の浅い国である。

両国の紐帯《ちゅうたい》は意外と太い。本書で世界革命としての文革という、従来の中国一国内だけで完結する革命史ではなく、もう一つの物語を描こうとするとき、文革の顕著な越境性を示す対象国の一つとして、このインドネシアに注目していくことになる。さらにもう一つの対象国は、日本である。文革がどのように推移したのかを、中国とインドネシア、そして日本及び西側世界という三元実況中継さながらに描こうとする、これまでに他に例を見ない、同時代史の試みである。

世界第四位の人口大国インドネシアは、現在、約二・五億人の人口を抱え、在外華僑としては世界最大の七六〇万人の華人・華僑が居住している。インドネシアは中華人民共和国建国直後の一九五〇年四月一三日に中国を国家承認している。非社会主義国としては、インドに次いで二番目に早い承認国だった。ちなみに『人民日報』CD‐ROM版のデータベースで建国以後から一九七〇年まで、掲載されたインドネシア関連の本数をたどってみよう。記事テキストのうち「インドネシア（印度尼西亜／印尼）」を含む記事内語彙で検索を掛けてみると、次の本数がヒットした。

一九四九年（400）、五〇年（257）、五一年（242）、五二年（347）、五三年（311）、五四年（444）、五五年（695）、五六年（865）、五七年（729）、五八年（769）、五九年（475）、六〇年（705）、六一年（606）、六二年（701）、六三年（1199）、六四年（1067）、六五年（1342）、六六年（824）、六七年（552）、六八年（228）、六九年（209）、七〇年（141）

いずれも三桁に達する数であり、多くの年は毎日ほぼ一本かそれ以上の関連記事が掲載されている。他の国別海外記事と比較しているわけではないが、かなりの掲載頻度であることは間違いない。歴年変化を見ると、ピークは一九五六年と一九六五年となっている。前者は五五年のバンドン会議後であり、後者は本書のメインテーマの一つである六五年一〇月一日未明の9・30事件前後であって、いずれも関連の記事が集中して掲載されてい

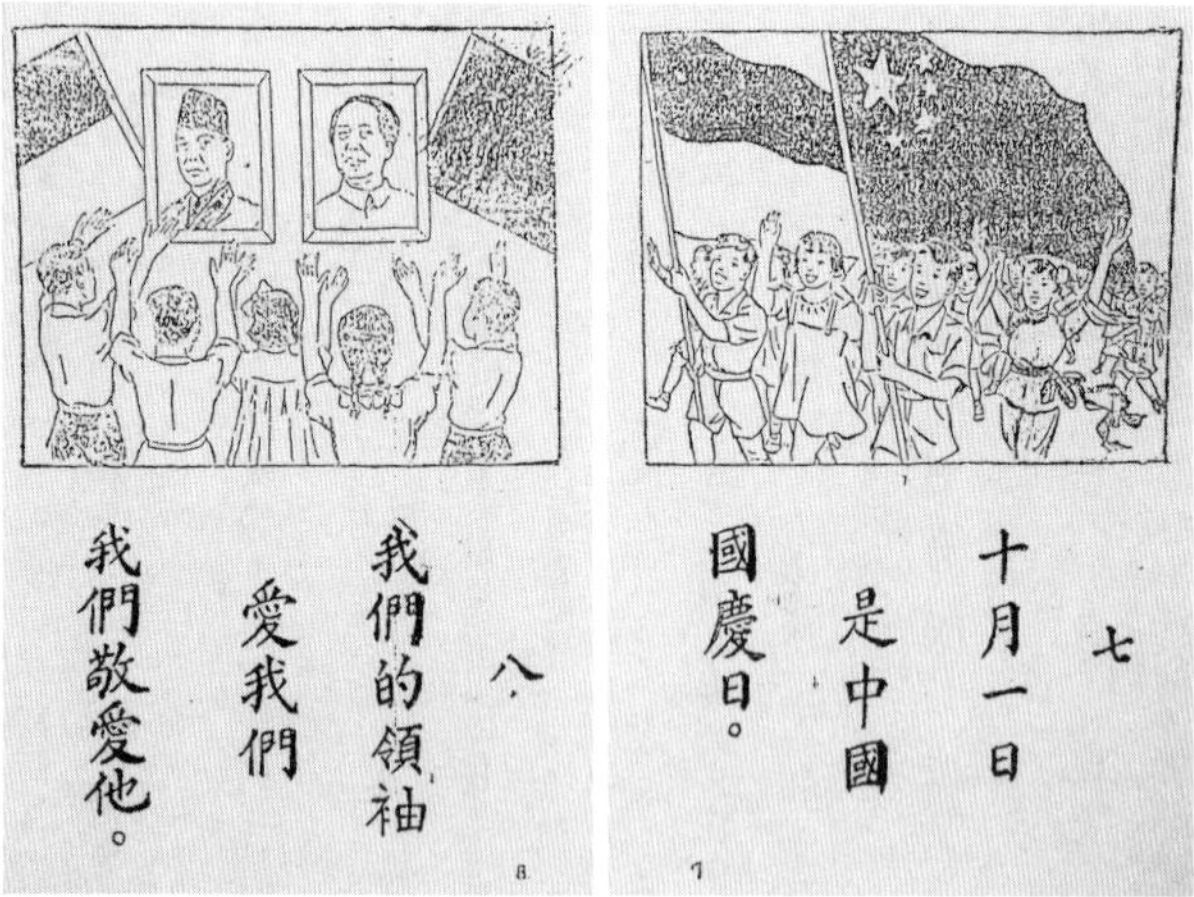

西カリマンタン島の中華学校で使用されていた教科書に掲載されている絵

る。

　インドネシアでとりわけ華人の人口比率が高い西カリマンタンのとある中華学校では、中国の建国後、校舎に毛沢東と初代大統領スカルノの肖像画が並んで掛けられ、小学校の教科書には「一〇月一日は中国の国慶節、わたしたちの指導者はわたしたちを愛し、わたしたちは彼を敬愛する」という文章の図版として、中国の国旗である五星紅旗とインドネシア国旗の紅白旗の絵とともに、毛沢東とスカルノの肖像画を掲げる児童たちの絵が掲載されている。

　華人コミュニティだけでなく、国家間においても、インドネシアは共産主義国ではないにもかかわらず、毛沢東とスカルノは親密な関係を誇示し、両国は長らく蜜月関係にあった。

日本人はこのような第二次大戦後のアジア域内の二国関係に対する知識や感覚が乏しい。それは、日本が敗戦後、一九五二年のサンフランシスコ条約の発効まで、外交権を奪われ、アジアの諸国との正式な国家関係を長らく締結できなかったことによる。さらにその後も含めて、アジアが東西冷戦のただなかに置かれたなかで、日本は西側に属する冷戦の受益者としてふるまうことになったことで、先の大戦の交戦や植民地支配の対象でもあったアジア諸国と真正面からの関係を忌避してやってこられたからである。

バンドン精神の結晶

この中国とインドネシアとの特別な蜜月関係が構築されていった歴史をたどってみよう。

一九五四年、朝鮮戦争休戦を受けて、東西両陣営の対立が固定化し、アジアは冷戦の時代に入り、西欧型民主主義かソ連型共産主義かの二者択一が迫られるようになる。そのなかで、日本では自由民主党と日本社会党の二大政党を中心とした保革体制としての「五五年体制」が確立していく。いっぽう中国は、一九五三年からそれまでの革命的諸階級の連合による新民主主義路線から社会主義路線へと、旗幟《きし》を鮮明にした転換を打ち出す。対日外交的にはそれまでの日本共産党との国際共産主義運動統一戦線のためのコミュニスト同士の党際外交から、日本の社会党や民間の日中友好人士に向けて、党派を超えた民間外交へと路線を転じる。ここから、国家体制は違っても平和共存は可能なのだとの平和攻勢が展開されていった。民間人士に対しては共産主義を宣伝したり党派活動を強要するような革命輸出はしないとの方針をとった。

東西冷戦の角逐に巻き込まれながらも、戦後のアジアではそれまでの西欧支配の歴史が崩れ、民族解放と国家独立が目指された。国力がまだ脆弱な新興アジア諸国は、アジア人によるアジア人のためのアジアを目指す国際的連帯のためのメルクマールとして、非同盟主義を掲げた。一九五四年には朝鮮戦争とインドシナ問題を協議し域内和平を目指す、ジュネーブ会議とコロンボ会議が開かれた。

そして翌五五年四月、インドネシア・ジャワ島西部の高原都市バンドンにおいて、二九カ国の首脳が結集するアジア・アフリカ会議（AA会議）が開かれた。日本は中国の「平和攻勢」に応じて中国に接近することを警戒するアメリカに忖度《そんたく》して、会議への参加が危惧されていた。結局、政界のトップクラスとはいかないものの、財界に近い政治家を代表して高碕達之助経済審議庁長官ら二八名が出席した。会議では平和十原則が採択され、反帝国主義・反植民地主義を紐帯とする、平和共存のための「バンドン精神」が結実する一大ページェントとなった。

これら一連の会議をリードしたのがインドのネルー首相であり、中国の周恩来首相であり、バンドン会議を主催したホストがインドネシアのスカルノ大統領であった。とりわけ周恩来は、アジアの声を代弁して西側世界に伝えるメッセンジャーだった。新生アジアを代表する輝ける星として華麗な外交デビューとなった。周恩来の活躍でアジア・アフリカ諸国間での中国の威信は高まった。日中間においても、非公式の形ではあったが宿泊先のホテルのロビーで高碕と周が会談する機会が持たれ、のちに日中間で民間貿易が進展していく足がかりとなった〔宮城②43-51、同①157-87〕。

中国は社会主義の旗幟を鮮明にして向ソ一辺倒への傾斜を強めていった。だからじっさいには非同盟でも中立でもない。とはいえ、五〇年代半ばのこの当時の時代精神の主旋律は、共産主義か資本主義かといったイデオロギー対立ではなかった。民族解放と国家独立と平和共存こそが、知識人をアジア・アフリカ・ラテンアメリカといった第三勢力に目を向けさせ、地域的連帯へといざなう呼び声となった。

これ以降、中国とインドネシアは、国家体制を異にするものの、非同盟主義の第三勢力同士の友好国として、関係を緊密にしていった。具体的には、一九六二年にオランダ植民地の一部であった西イリアンをオランダから奪還する西イリアン解放闘争に対し、中国は積極的な支援を行った。一九六一年五月、マラヤのラーマン首相が、マラヤ・シンガポー

北京を訪問したスカルノ大統領を空港で迎える左より周恩来、朱徳、毛沢東、彭真ら中国首脳たち。1956年９月30日。

ル・英領北ボルネオ（ブルネイを含む）を単一の政治体に編入するマレーシア連邦構想を表明したことに対して、インドネシア政府は一九六三年一月から、マラヤの行動が新植民地主義であるとして、マレーシア形成構想に対する対決政策の実施を公表した。このマレーシア粉砕《コンフロンタシ》政策に対しても、中国は外交的かつ資金的支持を表明した〔倉沢③7-19〕。

とはいえ、中ソ対立のさなか、ソ連のインドネシアに対する援助供与は、海外からの援助総額の半分を占める一〇億ドルを超え、それに対して中国は四〇〇〇万ドルとははるかに及ばなかった。また、インドネシアの資本主義経済組織における、官僚・軍人・政治支配層と癒着した華僑の特権的地位は、中国との二重国籍問題を引き起こし、国民に反華僑感情を植えつけた。

このように中国との外交関係は不安定さをはらみ、盤石なものとは言い難かった〔増田②346-7〕。

共産主義に傾斜するインドネシア

スカルノは一九六〇年末から民族主義（Nasionalisme）・宗教（Agama）・共産主義（Komunisme）の三つをバランスしたナサコム（NASAKOM）と呼ばれる挙国一致体制を提唱していた。六二年には、共産党のアイディットとルクマン、六四年にはニョトらに閣僚の地位が与えられた。スカルノ自身は共産主義者ではないが、容共的なところがあり、六五年五月のインドネシア共産党結党四五周年記念大会に出席したころから、いっそうインドネシア共産党へ傾斜する姿勢を見せた。

インドネシアにはインドネシア共産党（PKI）があり、歴史的には一九二〇年に植民地下オランダでコミンテルンの指導のもとに成立した、じつはアジア最古の共産党である。しかも最大勢力時には党発表によると三五〇万人の党員を抱えた、国内最大の政党であり、非共産主義国では最大規模の共産党である。一九二六年に蜂起が鎮圧されて壊滅的打撃を受けたあと、四五年一〇月に再建されたときは、中国共産党の抗日戦争中の根拠地であった延安から帰国した共産党員・アリミンも含まれていた〔馬77-88, 259〕。

インドネシア共産党はオランダとの独立戦争のさなかの一九四八年、共産党員が中心となって、ジャワ島東部のマディウン市で、モスクワ帰りのムソが指導者となって、人民政府の樹立を企てて反乱を起こした。このマディウン事件により、インドネシア政府軍の掃討作戦を受けて共産党は壊滅した。その後、アリミンと、アイディットによって再建され、後に述べる一九六五年の9・30事件によって非合法化され解体されるまで、アイディットが議長を務めた〔千野 136〕。当初はソ連共産党と中国共産党は兄弟党の関係にあり、双方ともに良好な関係を維持していた。

一九五三年三月のスターリン死去から三年が経過した五六年二月のソ連共産党第二〇回大会における秘密報告で、フルシチョフ書記長はスターリンの個人崇拝や独裁政治や粛清の事実について批判をした。このスターリン批判を受けて、六月には東欧のポーランドで、一〇月にはハンガリーで、大規模なデモや抗議行動が起こり、ソ連が軍事介入し鎮圧した。すると、翌年毛沢東は最高国務会議を招集し、「人民内部の矛盾を正しく処理する問題について」の内部講演を行い、全党的な整風運動の展開を決定した。それまでソ連一辺倒だった中国共産党にソ連への不信と不和が生じ、次第に両国間の対立が拡大・先鋭化していった。

この中ソ対立のさなか、スカルノが中国傾斜の姿勢を見せた。中ソ論争が本格化した一九六三年に、インドネシア共産党の第七次中央委員会第一・二回拡大会議において、アイディットもまた、中国共産党寄りの武装闘争路線への転換を明確にした。そして、アメリカ帝国主義を主敵として、民族統一戦線を組んで、農民を主体とする「片手に銃、片手に鍬をとって闘おう」という戦闘的なスローガンを打ち出した。

インドネシア共産党は、マレーシア粉砕政策を新植民地主義反対の立場から支持し、スカルノのナサコムを核心とする政府への協力を明確にした。国際共産主義運動においてはユーゴスラビアを批判しつつソ連を名指し批判はしていないが、修正主義批判を打ち出した〔Mozingo 216-20, Zhou ②221-2、人日 1963.12.31〕。

アイディットは同年九月には五回目となる中国訪問で毛沢東ら首脳と会見し、インドネシア共産党と中国共産党との親密な友誼をアピールした。中国ではアイディットの演説集が出版され（『インドネシア革命とインドネシア共産党の差し迫った任務』人民出版社、一九六四年）、インドネシア共産党を支持する論文が党の機関誌に掲載された（「インドネシア人民の革命闘争とインドネシア共産党――インドネシア共産党建党四三周年を祝賀して」『紅旗』一九六三年第一〇・一一期）。スカルノはこのインドネシア共産党との共闘関係を選択したのである。

第二回AA会議を目指して

「マレーシア粉砕」のさなかの一九六五年一月、マレーシアが国連安保理事会の非常任理事国に選出されたことに反発したスカルノは、国連脱退を決定、新興勢力を糾合して「第二国連」ともいうべき新興国会議（CONEFO：Conference of New Emerging Forces）を創設するとの呼びかけを行った。この決定を中国は絶賛し、『人民日報』に社論を載せた。

「インドネシアが国連を脱退したのは正義で正確な革命行動である。我が政府は断固としてスカルノ大統領の果敢な決定を支持する――アメリカが操縦する国連がやる悪事はますます増えている。スカルノは国連のこの虎の尻を撫で、国連に対する迷信を打破するのを大いに助けた。六億五〇〇〇万の中国人民は一億四〇〇〇万のインドネシアの兄弟姉妹たちと共に立ち上がり、帝国主義と新旧植民地主義に反対するために手を携えて前進する」〔人日 1965.1.10〕

ちょうどこの六五年一月、インドネシアのスバンドリオ外相が訪中し、軍事分野での会談が行われた〔通信 1965.1.27, Zhou ①35〕。このころ、インドネシア共産党議長のアイディットもまた、スカルノに武装農民と労働者によって結成される第五軍構想を説いて、インドネシアでの導入を勧めた。第五軍とは、陸軍・海軍・空軍・警察に次ぐ第五の軍隊を指し、その実体は労働者・農民を主体とする人民軍である。周恩来もまた、二月に北京を訪問したインドネシア軍事使節団に、第五軍設立構想を持ちかけた。この構想にスカルノは賛同を示した〔通信 1965.6.26〕。さらにスカルノは、人民を動員するインドネシア共産党の組織力を称え、「自力更生」の精神で深く農村に入れと共産党幹部に呼び掛けた〔『火炬報』1965.5.26〕。インドネシアの最高作戦司令部もまた、義勇兵からなる人民軍の創立を提唱した〔通信 1965.6.16〕。

空軍は人民武装軍の創設をおおむね支持したのだが、ナスティオン将軍ら陸軍首脳は農民の武装化に抵抗を示した。このことが陸軍のスカルノへの警戒感を強めるとともに陸軍対インドネシア共産党の対立構造を先鋭化させた。この共産主義化をめぐる軍内部の亀裂が、後述する９・３０事件の遠因となったのである。

アジアでは朝鮮戦争、第一次インドシナ戦争、台湾海峡危機、中印国境紛争などがひとまずは鎮静化したあと、一九五〇年代後半は、緊張をはらみながらも対立と分断が固定化していた。

一九六二年一〇月、ソ連がキューバに攻撃用ミサイルを設置したのを確認したアメリカのケネディ大統領は、キューバに対して海上封鎖を行い、ソ連にミサイル撤去を要求したことで、米ソ核戦争の寸前にまで危機は高まった。フルシチョフ書記長がミサイル撤去を約束し、破滅的惨事はかろうじて回避された。このキューバ危機を経て、六五年は、再びアジアが冷戦から熱戦に転じる年となった。中ソ対立がエスカレートしていくいっぽうで、いわゆるドミノ理論によって東南アジアが共産主義化することを恐れるアメリカは、中国に対しては東南アジアへの南下を食い止めるべく封じ込め政策を展開した。

そして一九六五年二月七日、米軍は北ベトナムへの爆撃を開始し（北爆）、ベトナムへの本格的な軍事介入に踏み切った。前年に核実験を行った中国は、軍事力の増強を図りながらも、アメリカという大国を敵に回すことで、米中の軍事的な対決が現実のものとして視野に迫ってきた。そのいっぽうで中ソ対立が激化し、国際共産主義運動に亀裂が生じ、中ソ全面対決に追い込まれていく流れに晒された。

この厳しい国際環境を打破すべく、中国は「中間地帯論」を掲げて、アメリカ帝国主義の抑圧を受けた「中間」世界の新興第三勢力の結束を呼びかけた。第一の中間地帯はアジア・アフリカ・ラテンアメリカの独立国であり、第二の中間地帯は西欧・オセアニア・カナダなどの日本を含む資本主義国である。アメリカ帝国主義に対抗する最前線には社会主義国家と各国のプロレタリア政党が立たねばならないとされた。

本書が扱う六〇年代において、中国の国際情勢分析と、国際政治の戦略的行動原理における重要な理論的支柱となったのが、この中間地帯論である。毛沢東が中間地帯論を提唱したのは国共内戦期の延安においてであったが、一九五六年のフルシチョフのスターリン批判に端を発する中ソ対立が、六〇年代の中間地帯論に新たな意味づけをもたらした。すなわちソ連の対米平和共存路線への批判であり、第一世界のアメリカ、第二世界のソ連に挟まれた中間地帯が民族解放闘争を通して、米ソ両大国に対抗するという構図である。中間地帯論を提唱した毛沢東には、いずれ第三次世界大戦は不可避であるとの、妄想あるいは強迫観念に近いような信念があった。そして、それを阻止あるいは回避するためには第三世界の統一戦線が不可欠だという発想が、首尾一貫して流れていた。

とりわけ中国が力を入れて協力を求め、ひいては共闘を呼びかけたのは、この中間地帯の大国ともいうべき二億人の人口を擁する、世界最大の中間地帯勢力であるインドネシアであった。

周陶沫・シンガポール南洋理工大学歴史系助理教授によると、一九六四年一〇月に核実験に成功していた中国は、インドネシアに対して核兵器の製造・保有のための核技術の輸出についても全面協力することを表明していた。スカルノ大統領はかねてから原爆生産の意思を明らかにしていた。一九六五年夏、陳毅外相はスバンドリオ外相に核協力を明言したことを受けて、九月二一日に原子力エネルギー団が訪中し、核関連施設を訪問し、いずれはプルトニウムを持ち帰ることを計画していた。九月三〇日、国慶節に招かれたインドネシア訪問団のハイルル・サレ国民協議会議長とアリ・サストロアミジョヨ・インドネシア国民党党首は、毛沢東・劉少奇と会見し、核保有をめぐって意見の交換をしていた。ところがその数時間後、ジャカルタで9・30クーデターが勃発、計画は実現しなかったのである〔Zhou ①43-6〕。

さらに毛沢東は、盟友ともいうべきスカルノに、バンドン会議から一〇年目の一九六五年六月に、第二回AA会議をアルジェリアのアルジェで開催することを持ちかけた。中国側の最大の狙いは中ソ対立での劣勢を挽回して、中国が主導してAA諸国の第三勢力としての国際的連帯を誇示することで、国際的な威信を確立することにあった。そのためにソ連はAA諸国ではないからとソ連の参加を拒み、非同盟中立のもう一つの旗手で他の友好国を引き連れての参加をもくろむソ連寄りのインドを「反動勢力」としてはねのけようと画策した。そこで、『人民日報』『北京周報』などを使って、積極的に反ソ反インドの国際世論を展開し、中国・インドネシア・エジプト・パキスタンが中核となってアジア・アフリカ諸国が結集するよう呼びかけた。

インドネシア貿易の日本商人

いっぽう、アジアの共産主義化を防ごうとするアメリカの動きを受けて、インドネシアへの融和策を取りながら西側世界に引き留める役割を積極的に担ったのが、インドネシアとは特に政商や商社が暗躍して経済面で良好な関係を続けていた日本だった。

バンドン会議以後のインドネシアと日本の歴史をたどってみると、日本の戦後史を彩る復興と国際社会復帰と高度経済成長にとって、インドネシアは重要な関係国であったことがわかる。

アジアとの戦後処理にとって戦争賠償は越えなければならないハードルであった。一九五七年、岸信介首相がインドネシアを訪問し、戦争賠償交渉に入り、スカルノとのトップ会談により、総額二億二三〇〇万ドルで妥結した。翌五八年、日本とインドネシアとの間に平和条約と賠償協定が締結され、正式な国交が始まった。以後、毎年の政府間交渉で賠償プロジェクトを取り決めることとなり、賠償は現金ではなく、日本政府の借款による生産物及び役務の供与という、経済支援・経済協力という形をとることとなった。そこで日本の商社が仲介して日本の民間企業がインドネシアの国家プロジェクトを受注した。作家の中薗英助『密書』（一九六一年）や深田祐介『神鷲《ガルーダ》商人』（一九八六年）が描くところの商社や銀行が暗躍し、日本企業が政界とのコネを活かしてインドネシアを始め東南アジアに進出する足がかりをなしていった。日本にとっては、戦争の贖罪というよりは、経済進出の契機としての意味合いの方が強かった。

スカルノ大統領が一九五九年に訪日した折に見そめて、のちに第三夫人ラトナ・サリ・デヴィとする根本七保子との恋のロマンスもまた、小さな貿易商社（東日貿易）の社長の紹介が縁となって生まれたのであった〔倉沢①157-237〕。

インドネシアがマレーシア粉砕政策を掲げるさなか、一九六五年、日本政府は東京にスカルノを招き、川島正次郎・自民党副総裁によるマレーシアのラーマン首相との間の和解工作を画策した。

周恩来はスカルノに、第二回AA会議の開催を優先させて東京の和解工作を拒否するよう働きかけた。四月末、スカルノがマレーシアとの東京会談拒否を表明した見返りに、周恩来はマレーシア粉砕方針の堅持を支持し、インドネシアに緊急援助五〇〇〇万ドルの供与と第五軍創設のための一〇万挺の武器・弾薬・車両の引き渡しを表明した〔杉山108、鄒①218-21〕。

このいきさつについては、のちに一九六七年二月のこと、スカルノ大統領の晩年になって、ムルデカ宮殿にてスカルノの特使であった鄒梓模に語ったスカルノ自身の証言を、鄒自身が書き留めている。

バンドン会議一〇周年記念式典が一九六五年四月にジャカルタで四八カ国代表を迎えて行われたさい、大統領官邸でスカルノ・周恩来・川島会談が行われた。そこでの内容は、

「マレーシア粉砕」問題、日中関係の改善問題、日本とインドネシアが協力してベトナム問題の平和的解決に乗り出す問題の三点だった。第二、第三の問題に周は反対し、第一の問題には賛否を口にしなかった。会談後、川島はインドネシア・マレーシア和平工作の実現のため、仲介役を買って出て、クアラルンプールとバンコクに向けて出発し、五月に東京で和平協議を行うよう動いた。日本はすでにこの動きに先立って、イギリス・フランス・アメリカなどの関係諸国からの支持と同意を取り付けていた。

ところがジャカルタに居残った周首相と陳毅外相は、東京での和平協議に参加しないようスカルノを説得し、スカルノは助言を受け入れた。スカルノはこのときのいきさつをこう証言したと鄒は書きとめている。

「周恩来は〔スカルノに〕、こう言った。『何故あなたはアメリカとイギリスに自分を安売りなさるのか。マレーシアとの和解の協議は、この六月にアルジェリアで開催予定の第二回アジアアフリカ会議の後に延期されるべきでしょう。インドネシアは全アジアアフリカの諸国からの強力な政治的支持を受け、イギリスやアメリカに対するインドネシアの立場は強くなり、一層有利になる』。私は周恩来に『インドネシアの国内政情は危機に直面しており、経済危機はピークをこえ、破産直前である。治安情況は、もっと悪い』と答え、周恩来の提案を拒否した。周恩来は『アルジェリアの第二回アジアアフリカ会議は、六月に開催予定であり、わずか一カ月か二カ月を延期すれば良いのだ。対マレーシア協議は、一カ月か二カ月を何故に待てないと言うのか。このマレーシア対決問題で、イギリスとアメリカに、何故にそのような安易な妥協をしようとするのか。それでは、インドネシア側が損になるのは、明白ではないか』と詰《なじ》って来た。周恩来は繰り返し私に諂《へつら》って来たが、私は拒否した。すると周恩来は次の二つの話を持ち出して来た。『①、インドネシアが経済困難を克服するのを援助するため、中国はインドネシアに五千万ドルの緊急援助を供与する。②、治安問題の克服のため、インドネシアは労働者と農民を武装し（陸・海・空・警の四軍に次いで）第五軍という人民軍を編成して陸軍その他の反対派に対抗する。その武装のため、中国は五カ師団の軍隊の編成に相応する武器をインドネシア側に引き渡す』。その上で、周恩来は『私はマレーシアとの和平の協議を止めるようにと言っているのではなくて、幾月かの間だけ協議の開始を延期するように、と言っているだけだ』と言った。一週間にわたり、周恩来は繰り返し、上記の提案を出して来た。私は熟慮の結果、二カ月か三カ月の延期だけである、というのならば、周恩来の助言を受けいれることが出来る、と考えるようになった」

このスカルノの日本提案の拒否は、川島の期待と行動を欺くこととなり、アメリカやイギリスの信用を失うこととなった。国内ではこのスカルノの決定が「これは革命だ！」とのシグナルとして受け止められた〔鄒①218-22、同②63-7〕。

流産した第二回AA会議

一九六五年五月、カイロに周恩来、スカルノ、パキスタンのアユブカーン、エジプトのナセルの四国首脳が集って結束をアピールし、アルジェでの第二回アジア・アフリカ会議開催のため待機した。ところが開催予定直前の六月一九日になって、アルジェリアでベンベラ大統領を追放する、ブーメディエン大佐によるクーデターが発生した。会議は参加予定国が集まらず、開催のめどが立たなくなり、名目的には延期、実質的な流会が決まった。AAの結束を演出する舞台は撤去されて、第二国連の夢は水泡と帰した。周恩来が約束した武器供与がなされた形跡はない〔Zhou①40〕。

東京工作の失敗とAA会議流会の結果、第三勢力の糾合というインドネシアと中国の大望はあえなく潰え、形勢は暗転していった。スカルノの特使であった鄒梓模は事態の変化をこう悲観した。

「スカルノは、東京とアメリカという外交上の貴重なトランプのカードをなくし、手持ちは北京カードだけになってしまった。周恩来もすでにソ連、アジア、アフリカ、ラテンアメリカ諸国と大半のカードをなくしており、インドネシア以外のカードをもっていなかった。カイロから帰国したスカルノは、中国との関係を深める以外にとるべき策はなくなっており、ナサコム政府と人民軍のことばかり発言するようになった」〔鄒①228-9〕

この六〇年代半ばのインドネシアと中国の蜜月関係の背景にあった最大の紐帯は、共産主義や反ソ連盟というよりは、反帝国主義・反植民地主義・反資本主義であった。スカルノはこの当時、盛んにネコリム（Necolim: Neo-Colonialism）批判キャンペーンを展開し、六五年三月には政府が外国の石油会社の資産を接収したり、八月には外国石油企業を完全接収して国有化方針を打ち出したりし、アメリカに対する敵意をあらわにした。街頭には「CRUSH NECOLIM WITH THE AFRO ASIAN SPIRIT（ＡＡ精神でネコリムを粉砕しよう）」の横断幕が掲げられた。六五年八月一七日のインドネシア独立記念日の演説で、スカルノは「ジャカルタ－プノンペン－ハノイ－北京－平壌枢軸の形成」の喚声を上げた。

インドネシア共産党は一九六三年以降、農地改革に積極的に取り組む方針を打ち出し、「土地を耕作者の手に」をスローガンに、各地で「農民の一方的行動」が展開された。これはインドネシア共産党系列のインドネシア農民戦線の指導により、未使用の国有地や不在地主の農地を、農民たちに一方的に占拠させたり、貸し出したり売却した土地を奪還するというものであった〔倉沢③49-50〕。

現実のインドネシア経済は、外国からの援助が止まり、国連脱退など対外強硬政策から

ＩＭＦなどの援助も期待できず、国家予算の七五パーセントを占める軍事予算の圧迫、輸出不振とインフレ、対ドル相場の下落、外貨不足などで、危殆に瀕していた。

アジアの革命――屈辱の近代と、抵抗の戦後

この帝国主義・植民地主義に対する飽くなき抵抗と戦いこそが、中国とインドネシアをつなぐ精神的なきずなであった。ともに共産主義を重視はしたが、それは当時の帝国主義勢力が資本主義国であったからであり、共産主義は抵抗のための手立てであって、目的ではなかった。最大にして変わることのない目的は、自主的に民族の解放と国家の独立を勝ち取ることであった。

この目的はアジア、さらには非ヨーロッパ世界の近代に共通して見られる抵抗のかたちである。近代以降、西洋列強によって侵略や植民地化の屈辱と悲哀を嘗め、国土の荒廃、人命の損失、国民の貧困などに苦しめられてきた。インドネシアは宗主国オランダに対する独立戦争を通して、中国は侵略国日本に対する抗日戦争と革命を通して、抵抗するナショナリズムを求心力として、独立自主という栄光を手に入れた。

二〇一七年はロシア革命から一〇〇年である。ソ連という社会主義を生んだロシア革命もまた、被圧迫民族による、民族自決権を掲げての、ヨーロッパ世界の屈辱からの解放と

いう側面があった。フランスやイギリスのような、ヨーロッパの市民革命とは革命のかたちが違うのである。非ヨーロッパ世界の革命において、とりわけ重要な要素は、外側の覇権国家や覇権勢力に対して拒絶しようとする強固な意志である。

冷戦の終結に当たって、東欧ではソ連でのペレストロイカの進行にともなって社会主義体制が瓦解し、ベルリンの壁が崩れた。それに対し、アジアに目を向けると、ビルマにおいても中国においても、民主化・人権・自由を求める下からの運動は、軍の出動によって弾圧され、軍事政権が強権的に治安を回復させた。そのさいの軍隊導入の理由は、西側の資本主義大国の干渉を拒否し、体制転換の陰謀を打破する、というものであった。

このアジア革命の内在論理について、日本人は鈍感である。なぜならアジアの中で日本のナショナリズムは、その形もダイナミズムも特殊な例外だからである。日本においては近代化とともに外部世界への帝国主義的拡張に伴って、国民が国家権力を支持してきた。帝国の拡大への高揚感の発露として、時には国家権力に追従し、時には周辺の異民族を蔑視する国民感情としてナショナリズムの行動様式が発現してきた〔飯塚 27-8〕。

半世紀前に中国とインドネシアに吹き荒れた革命の熱風は、この特異なナショナリズムの母乳で育てられた日本人の皮膚感覚からは捉えられない。

できるだけ当時の時代状況に身を晒しながら、二つのアジアの大国で演じられた革命のドラマを再現してみたい。

アジア型革命は一国内部で起こるが、革命の嵐は容易に国境を越える。日本にもその嵐は吹き、新しい革命の種を蒔いたのであった。

第2章 革命勃発
——9・30クーデター事件

一九六五年一〇月一日未明
ジャカルタの闇夜を切り裂いた
一発の銃声が
世界を震撼させた

一日だけのクーデター

一〇月一日未明、インドネシアの首都・ジャカルタ市街。

漆黒《しっこく》の闇を切りさく銃砲の音が炸裂した。

陸軍の内部で、左派の将官が右派の将官を拉致し殺害する事件が起こったのである。ところがわずか一日で鎮圧軍によって反乱将校は捕縛された。「9・30事件」と呼ばれる、軍内部のクーデター、というかクーデター未遂事件である。

事件にはいったいどのような背景があったのか。その直前の動静を追ってみよう。

第二回AA会議開催の直前の一九六五年五月二八日、スカルノ大統領は自身とスバンドリオ外相とヤニ陸軍司令官を狙っての暗殺計画があったことを示す証拠書類を発見したと公表した〔通信 1965.6.5〕。精力絶倫で意気軒高なイメージの強いスカルノではあるが、腎臓結石と前立腺異常の持病があって、かねてから健康不安説が流れていた。

第二回AA会議の流会が決まったあとの八月三日、失意のさなかの大統領が突然倒れた。冠状動脈の不整脈との医師団の診断であった。北京を訪問中のアイディット・インドネシア共産党議長は、日程を切り上げて、八月七日、北京から特別機で急ぎ帰国した。

八月二二日、イスラーム反共諸団体を支持するヤニ中将は、スカルノに共産党の役割を弱める国政改革の建言をした。いっぽう、九月一三日、帰国したアイディットは、「今日の革命情勢を頂点まで発展させることが必要」との異例の発言を行った。インドネシア通貨のルピアは急落し、米価は跳ねあがり、ジャワ各都市に米よこせデモが起こり、過激な実力行使が展開されていた。

当時の状況を、インドネシア研究者の増田与《あとう》は、こう書きとめている。

「この間、将軍評議会のクーデターの噂はひろまり、ウントン中佐は、若干の要人との話しあいをはじめていた。何事かおこらなければすまないどすぐろい空気がジャワ島にたちこめていた。そして、九月三〇日運動がたちあらわれたのである」〔増田①13〕

事件当時、ナスティオン大将の発表によると、インドネシア国軍の総兵力は六〇万人で、うち陸軍三二万、海軍四万、空軍三万、警察軍一一万、地方の治安維持軍一〇万であった。このように軍の主体は陸軍であり、空海軍はソ連の軍事援助を受け、武器の多くはソ連製で近代化と増強を進めてきた〔朝日1965.10.6〕。

事件はどういう意図で何を目指して起こったのか、背後で事件を画策したのは誰なのか、事件の真相はいまだに謎であるが、現実に起こった事態の推移に絞って、概略をまとめておこう。

ウントン陸軍中佐、ラティフ大佐らによって陸軍内部に結成された容共派の「革命評議会」は、七名の「将軍評議会」が画策している反スカルノ・クーデター計画を事前に抑えるという名目で、これらの将軍を急襲し拉致したあげくに、ヤニ中将（陸相・陸軍参謀長）ら将校六名を殺害した。その後、戦略予備軍司令部に赴き、反共を掲げるヤニ中将に代わっていったんは司令権を掌握した。もう一人の標的とされたナスティオン大将（参謀総長兼国防治安調整相）は私邸を急襲されたさい、自宅の塀を飛び越えて、足を挫いただけで助かったが、幼い一人娘が殺害された。殺された六名の将軍はジャカルタ郊外のルバンブアヤ（ワニの穴）村にある古井戸の中に投げ込まれた。

主要なターゲットとされたものの殺害を免れたナスティオンとスハルト陸軍戦略予備軍司令官が、事態の収拾と巻き返しを図ったことで、一二時間の逆転劇となった。スハルトは親共分子反乱の鎮圧で勇名を馳せたディポネゴロ師団を率いていた。治安秩序回復を図って、首謀者の背後に国際共産主義運動があるとし、一〇月一二日、ウントンら反乱将軍らを捕らえた。この行動の後、スハルトは陸相兼陸軍参謀長に就任した。一一月二一日には逃亡中のインドネシア共産党議長のアイディットが捕縛され射殺された。

一九六六年二月には巻き返しを図ろうとするスカルノにより内閣改造がなされたものの、陸軍首脳部は学生行動戦線（ＫＡＭＩ）を組織して学生らを動員し、反スカルノ・キャンペーンを展開した。三月一一日には治安維持のためにあらゆる措置をとることをスハルト陸相に命じる「三・一一命令書《スーパースマル》」が出された。ただこのオリジナル文書はいまだに確認されておらず、その真偽は不明である〔倉沢 ③103〕。スハルトはインドネシア共産党の非合法化と解散を正式に決定した。六七年三月、スハルトはスカルノ大統領から大統領終身制を剝奪、大統領代行となり、翌年三月二七日には第二代大統領に就任した。病身のスカルノはボゴール宮殿に軟禁状態のまま、七〇年六月に死去した。

事件の真相は

インドネシア研究者の倉沢愛子・慶応義塾大学名誉教授によれば、クーデター未遂事件の黒幕について五つの説がある。すなわち①インドネシア共産党が主犯で中国が黒幕、②国軍内部の権力争い、③スカルノ大統領が首謀者、④スハルト陸相が黒幕、⑤ＣＩＡ（米中央情報局）の関与〔倉沢 ③78-83〕。

これらの説のいずれも、さまざまな状況証拠からあてはまるものであるが、どれが決定的に正しいかということは、現在残された資料や証言からは確言しがたい。①についてはインドネシア国軍史研究所長のヌグロホ・ノトスサントの報告書に概要がまとめられている〔Nugroho & Ismail〕。②はコーネル大学のベネディクト・アンダーソンらによって分析されたいわゆる「コーネル・ペーパー」の推論。中部ジャワ・スマランのインドネシア共産党の影響下にあった第七地区司令団が、CIAの資金を得た陸軍中央の将軍を排除し、スカルノを総司令に擁立して救国政権を作ろうとしたが、誤算により失敗したというもの〔Anderson & Mcvey〕。

①②は両立しうる。ただ①のインドネシア共産党が主犯だとしても、中国は何らかの影響は与えたものの、直接事件に関与したかどうかについては見解が分かれる。

②の革命評議会が共産主義に傾斜していたことは確かだが、インドネシア共産党が操縦していたのか、軍人の主導だったのかについても、いくつかの見方がある。当時の駐インドネシア大使だった斎藤鎮男は、軍内部の左派分子が突出して事件を起こし、インドネシア共産党は準備段階から計画を知っていて、いずれ主導権を奪おうとした、中国は事件と直接の関係はないという見立てをしている〔田口〕。また、デビッド・モジンゴは、クーデターは陸軍内部の紛争から派生したものであって、インドネシア共産党員はクーデター勃発時に積極的に動いた形跡がないことから、事件を掌握しておらず、事件のディレクターではなくせいぜいサポーターとの見方をとっている〔Mozingo〕。

③はスカルノがクーデターを計画し指示し実行したとみることは、当日のスカルノの狼狽ぶりからして難しい。事件当日の夜、スカルノは第三夫人であるデヴィ夫人邸に泊まっていた。デヴィは夫がこの事件を全く知らなかったことを確信している〔倉沢 ①228〕。と

はいえ、スカルノはインドネシア共産党と親密な関係があり、国軍とりわけ陸軍を十分には掌握しきれておらず、組織改革を望んでいたことが明らかだから、クーデターにスカルノの意思が何らかの形で反映したと考えるのは自然である。

④のスハルト黒幕説は、事件が起き鎮圧した結果、最高権力をスカルノから移譲されていった事実を踏まえれば、一つの推論としては成り立つ。ただ当日スハルトはやけどをした三男を見舞いにジャカルタ市内の病院に出かけて、夜遅く家に戻ったと、のちに『日本経済新聞』の「私の履歴書」で証言している。

⑤のＣＩＡ関与説は、アメリカがいうことを聞かないスカルノに業を煮やして、これまでもインドネシアの右派勢力を支援して国内反乱に手を貸してきたことや、陸軍幹部は多くアメリカで訓練を受けており、ＣＩＡが陸軍内部に相当関与してきたことから、ありうる見方である。アメリカ人研究者のデビッド・コンデは、ＣＩＡ主謀説を提示している〔コンデ〕。スカルノとデヴィ夫人はＣＩＡが引き金を引いたと見た。だが、息のかかった将軍評議会がターゲットとなってしまった実際のシナリオからすれば、成立しがたい説である。ただ結果として共産主義者への粛清が展開されたことからすれば、巧妙に仕組まれた陰謀としてはありうる。むしろＣＩＡの強い関与が明らかなのは事件後の共産党員の粛清においてである。ＣＩＡはスハルトに共産党関係者のリストを渡し、そのリストに従っ

てスハルトは粛清を進めていったとされている〔クライン(上)93-4〕。

中国とインドネシアの革命的紐帯を重視する本書としては、①の説に近い。ただ従来のインドネシア政府の見解をなぞるわけではない。中国側からのアプローチから9・30事件への中国の関与、事件後の中国側の対応からして、事件の計画と実行に直接関与したとまでは言えないものの、両者の間に深い影響関係があったことは否めないのである。

「ワニの穴」を訪れる

二〇一二年八月、ジャカルタ南東の郊外にある、クーデターの被害者となった将校たちが投げ込まれたルバンブアヤを倉沢愛子教授とともに訪れた。赤道直下の夏、うだるような暑さで、ルバンブアヤは一見するとのどかな郊外の町であった。入口には赤銅色をした巨大な神鷲《ガルーダ》が翼を広げた像を背後にして、ヤニ中将を正面に据えて、犠牲となった七人の将軍たちの堂々と胸を張ったブロンズ像が、並んでいた。彼らはいわば国家の「英霊」である。神鷲と七将軍を支える土台の四周には強大なレリーフが刻まれていた。レリーフの内容を理解する知識は持ち合わせていないが、スカルノのナサコム体制を称える場面、共産党が反乱を企てたマディウン事件での陰惨な殺戮の場面、9・30事件で共産主義者が将軍の遺体を井戸に落とし、その傍らで女性が乳房も露わに乱舞しているシーン、スハル

ルバンブアヤ入口に並ぶ７人の将軍のブロンズ像

トが共産主義者を鎮圧し、その傍らでスカルノが三・一一命令書を携えている場面などが確認できた。

この乱舞する女性たちはインドネシア共産党の女性団体ゲルワニのメンバーで、事件がスハルトによって鎮圧された後、彼女たちが井戸の周りに集まって将軍の遺体に性的な暴行を加えて裸踊りをしたという。メディアで喧伝された、共産主義者は無神論者で性的嗜虐の志向があるとの悪意あるネガティブ・キャンペーンである〔倉沢③133-4〕。

まさにこの空間はインドネシアの国家神《しん》廟《びょう》ともいうべき革命聖地なのである。なぜかというと、彼ら革命英雄が投げ込まれた古井戸がそこにあるからである。ガルーダの巨大なモニュメントからの参道を歩くと、イン

インドネシア共産党反乱分子によって将軍たちが投げ込まれた井戸

ドネシアの国家憲章ともいうべきパンチャシラ（神への信仰・民族主義・人道主義・民主主義・社会正義の、建国五原則）の白いモニュメントが見えた。その奥に屋根の上にガルーダの像があしらわれた立派な東屋があり、東屋の中に井戸はあって、そこだけひんやりとした空気に包まれているようだった。大理石の囲いの中をのぞき込むと、人ひとり入るのがやっとくらいの、小さな孔が穿《うが》たれていた。傍らの案内板には、「一九六五年一〇月一日、この床はインドネシア共産党反乱分子が将軍たちを捕縛し拷問し水のない井戸に投げ込むために使われた」と書かれていた。

　東屋の傍らには赤いネッカチーフを首に巻いた反乱コミュニストたちが、捕縛した将軍たちを座らせて死刑宣告をした軍事裁判のジオラマがあった。これらのモニュメントが配置された木立を抜けて広場に出ると、博物館が建っている。インドネシア共産党反逆博物館で、共産主義者の「悪行」の数々がジオラマとして陳列されていた。

中国から見た９・３０事件

上述しただけでも９・３０事件には多くの謎が残されている。とりわけ重要な謎が、中国との関連である。スハルト政権では、中国共産党によるインドネシア共産党への関与をもって軍事裁判立件の根拠とし、インドネシア共産党の解散と非合法化、共産党員の洗い出しと粛清を正当化している。しかしその実態がどうであったのか、インドネシア側のみならず中国側の文書はほとんど公開されていない。

９・３０事件が起きた一〇月一日、いったい中国側はどう対応したのか。その日はあたかも中華人民共和国の建国を祝賀する国慶節だった。当時、北京には、国慶節を祝うために外国勢では最大となる五〇〇名のインドネシア友好代表団が集結していた。その中には暫定国民協議会議長のハイルル・サレや、同副議長でインドネシア国民党委員長のアリ・サストロアミジョヨなど閣僚が含まれており、インドネシア経済代表団など二八団体が招かれていた。

このとき現場に居合わせた劉一斌・外交部第一アジア課職員（当時）が、最近になって当時を回想した文章がある。それによると、一〇月一日当日、駐ジャカルタ大使館からのジャカルタでの重大事件についての電報を受け取った周恩来総理は、当日の晩になって天安門楼上で花火見物をしている一〇〇名余りの代表団員を集めて事件の発生を口頭で伝え、一〇月四日に周と劉少奇主席名義でスカルノに慰問の電報を打った。劉はその時の周恩来の行動をこう評価している。

「周恩来が天安門でインドネシア『9・30事件』を通報することにしたのは、その時期・場所・方式すべてが最善の考慮であった。というのは、あの夜インドネシアの主な外賓はみなその場におり、総理は外電ニュースを引用し、みずからほのめかすように彼らに通報したのは、中国政府が事件に対して当事者性がなく、丁重さを失わず、各グループ別個に通報することでメッセージに不一致が生じることを避け、事件に対するさまざまな政治態度を直に観察できたからだ」〔劉26〕

中国は事件に関与しなかったとの弁護的表明がなされているが、事態の推移は流動的で、ジャカルタの中国大使館から正確な情報は入らず、ジャカルタの新華社事務所も閉鎖されていた。現場情報の不足もあって、中国共産党首脳部の事件に対する対応はまとまらなかった。

『人民日報』が事件のことを報じたのは、事件から二〇日ほども経過した一〇月一九日になってからだった。その頃はすでに共産主義者への敵意が高まるジャカルタで、中国大使館がインドネシア軍人にとり囲まれ、両国の外交関係の悪化が顕著になっていた。一九日の記事では第一面で、「中国政府はインドネシア政府に強烈な抗議を提出する」という見出しであった。インドネシアの武装部隊が中国大使館を襲撃したことについて、「中国政府はインドネシア政府に謝罪と今回の事件の首謀者への懲罰と今後このような事件が起こらないことの保証を要求する」との外交部の抗議を掲載した。翌日の新聞の見出しは「インドネシアの政局に急激な変化が発生」だった〔人日 1965.10.19/20〕。

この時の記事を書いた記者が、前述の外交部の職員・劉一斌だった。彼はこのときの第一報の背景をこう証言する。

「〔周〕総理の指示の方針とは、決然とインドネシア人民の革命闘争を支持し、中間派の欺瞞性を抑制しつつ分断を促し、右派を集中的に攻撃して孤立させ、右派の攻撃に決然と反撃する、というものだった。そこで、外交部と大使館はそれぞれインドネシアに強烈な抗議を提出し、新華社にインドネシアのわが大使館が半旗掲揚をしなかったことへの誹謗といわれなき非難に反駁する声明を出させた。一〇月二〇日、私は『人民日報』にインドネシアの政局の急激な変化の総合的報道を発表するにあたり、ある傾向性をもった報道の

形式をとることで、インドネシア人民の革命の力を支持した」〔劉27〕

いっぽう、当時、経済代表団で北京を訪問していたW・W・チョクロ（経歴不明）は、事件から間もないころ、当時の北京のルポを香港のメディアに発表している。それによると、一〇月一日の花火の夜、周恩来が突然現れて、一言も発しなかったが、団員のなかにクーデター情報が伝わり動揺した様子を伝えている。彼はそこで、9・30運動は中国共産党がインドネシア共産党に教唆したものとの憶測を披瀝している。その根拠とは、このときインドネシアの多くの要人は北京に集まりジャカルタから離れていたこと、スバンドリオ外相が一〇〇名余りの高級官僚を率いてスマトラ視察に出掛けていたことなど、クーデター首謀者にとっては、ジャカルタで抵抗する者がいないところで「空城計」を演じる条件が整っていたこと、周恩来ら中国要人は事件の発生を知りつつも、インドネシア代表団の気を逸らそうとしていた節のあることなどだという〔「中共主使印共叛乱罪証 1-4」（徐乃星訳）『新聞天地』（香港）1968年1082-3・1088-9期〕。

中国が事件に直接関与していないことをうかがわせる劉の証言。事件の勃発とその後の事態に、北京首脳が見せた驚きと狼狽からすれば、また、事件発生の前の『人民日報』を手繰ってみても、クーデター陰謀計画を予感させるような事前の中国側報道は皆無だったことからすれば、中国の関与はなかったかのように思われる。

いっぽう、事件の黒幕に中国があったとのチョクロの推測。第１章で述べたように、事件勃発直前に開催が予定されていた第二回ＡＡ会議に先立って、周恩来がスカルノに緊急援助と武器の引き渡しを明言していたとの鄒梓模の証言と重ね合わせると、クーデターにつながるような何らかの行動計画に事前に関わっていたことが自然の流れのようにも思われる。

いったい真実はどちらにあるのか。その手がかりを得るために、いよいよこの当時のインドネシアと中国の関わりを探るうえでの最重要人物であり、中国の最高指導者である毛沢東に登場していただくことにしよう。

クーデター計画を事前に知らされた毛沢東

９・３０事件の発生から少し時計の針を逆に戻して、北京での動静を探ってみよう。

『人民日報』などの新聞ではインドネシア関係の記事は第二回ＡＡ会議の失敗が報じられたあと、国慶節に続々とインドネシアから来賓が到着するとの記事があるほかは、クーデターをうかがわせるような記事は当然のことながら出てこない。

外交関係の文書は公開が非常に厳しく、文書館の調査は期待できない。同時代に公式ルートでの通達として出された指導者の発言・論文・講演・対話記録などからの正面突破を図るしかない。最高指導者である毛沢東については、一九八七年から九八年にかけて刊行された『建国以来毛沢東文稿』全一三巻（中央文献出版社）が、最も多くの毛沢東が作成に関わった文献を収録している。

都合のよいことに、毛沢東の日々の動静を把握するうえで、格好の参考になる基本資料が最近二〇一三年に公刊された。『毛沢東年譜（一九四九―一九七六）』全六巻（中央文献出版社）である。中国では偉人・要人について、その死後「年譜」が刊行されることがある。年譜は要人の日々刻々の動静、どこにいたか、誰と会って何を話したか、どんな公務をしたのか、どのような文章を書いたかといったことが、日録の形式で克明に記録されたものである。

ただ毛沢東のような要人になると、現代政治の核心の機密に触れるので、網羅的なものでもなければ、典拠となる文書も明記されていない。むしろ肝心なことは伏せられていると見た方がいい。とはいえ、党の核心部分の資料を保存し参照することができ、先の『文稿』同様に、歴史の最深部を知りうる特権的立場にある中共中央文献研究室が編集したものだから、少なくともここに収録された記載に関しては虚偽の記述はないと見てよいだろう。

さっそく、事件直前の毛沢東とインドネシア関係者との接点をたどってみよう。

一九六五年七月四日、毛沢東は人民大会堂でインドネシア共産党代表団と会見し、国内の階級闘争が重要だと話した〔年譜5、507〕。中国現代史研究者の沈志華・華東師範大学教授によると、彼らは毛沢東に、今回の訪中で武装闘争と農民運動の経験を学んだと話した〔沈(下)175〕。

八月五日、毛沢東は人民大会堂でアイディット議長率いるインドネシア共産党代表団と、劉少奇・周恩来・鄧小平・彭真・陳毅・康生ら同席のもと会見した。『年譜』では会見内容はつまびらかにせず、神についての話題になったとき、毛沢東はひとしきり西洋哲学の話をしたことが記録されている。さらにアイディットが毛沢東に戦いの前に何か軍事に関する書物を読むかと聞くと、何も読んだことはないが、西北（延安）に着いてから内外の軍事書を読んだ、だが本は頼りにならない、大事なのは自分の経験を創造することだ、戦いには本はいらない、本など捨てて、真剣に戦え、戦いは大きな学校だと、のちの文革直後に林彪に宛てた書簡で「軍隊は大きな学校であるべきだ」という「五・七指示」に通じる発想を披瀝している。

実はこのとき、クーデター計画がアイディットから中国側首脳に事前に打ち明けられていたことを周陶沫の収集した会談記録資料が明らかにしていた。おそらく神の話と軍事著作の話の前か、その間か、そのあとにこの話題が交わされたのだろう。資料は中国外交部が二〇〇八年から一三年の期間中、一時的に公開していた一九六一年から六五年までの外交文書に含まれていたが、一三年に再び非公開措置が取られてしまった〔Zhou ①50-1〕。

三五〇〇万人の党員を抱え、国会議員数でも第三党の党勢を誇るインドネシア共産党ではあったが、その後ろ盾はナサコム体制を標榜し、インドネシア共産党を熱烈に支持し、中国と親密な関係を維持していたスカルノ大統領ただ一人だったといってもよい。そのスカルノのことを陸軍主流派は快く思わず、スカルノは左右両翼の諸勢力による微妙な政治バランスの上に、その絶大な権力を行使していた。

スカルノが倒れたとしたら、インドネシア共産党はどうなってしまうのか。おりしも中国を訪問中のアイディットのもとに、スカルノ人事不省のニュースが周恩来からもたらされ、アイディットは急ぎ帰国した。

その胸中には、すでに行動のシナリオとして練り上げられ、帰国当日に毛沢東に打ち明け助言を受けた、クーデターの具体的な作戦計画が忍ばされていたということになる。

アイディットの自供書

一〇月一日の未明、インドネシアの要人が国慶節を祝う使節として大挙して北京に集っていた日に、クーデターは決行された。だが、あえなく失敗し、一日で政権奪取の夢は潰えた。

アイディットはクーデター失敗を確認した後、中部ジャワに潜入しソロを拠点に、武装再決起と革命評議会の再設立を企てた。これも陸軍の掃討作戦のために失敗、一一月二〇日ころ、近郊の村にある党員の家で潜伏していたところを発見され、逮捕、取り調べの後に銃殺され、四二年の生涯を終えた。

朝日新聞のジャカルタ特派員の林理介は、のちにこの逮捕の状況を報道し、併せて入手した逮捕直後の同議長の写真三枚と自供書を入手し、記事にしている〔朝日(夕) 1966.2.7〕。弁護人も証人もいない完全な監禁状態のなかでの自供書であるだけに、自白の信憑性については留保しておかねばならないが、重要な証言の一つなので、主な内容を要約しておく。

①（クーデターの責任と目的について）自身でインドネシア共産党主導下に民族統一戦線を成立させ、中国との関係をいっそう緊密化する方針だった。

②（計画と実行について）当初は一九七〇年を目標としたが、計画が漏れたので早期実行に切り替え、六五年六月以降、ウントン中佐らとの協議を進め、人民青年戦線（プムダ・ラヤット）やインドネシア女性運動（ゲルワニ）などの行動隊をジャカルタ近郊のハリム空軍基地（例のルバンブアヤの近くにある）に集めて訓練を行った。八月に北

京に立ち寄り、中国共産党首脳とスカルノ大統領の健康状態などについて話し合い、帰国直後、党幹部やウントンらとクーデターの実行について話し合ったが、陸軍にその動きを察知されそうになったため、計画を早めて九月三〇日決行とした。自身が最高責任者とならずウントンを革命評議会議長に据えたのは、あくまで成功の可能性を配慮した暫定的なものである。スカルノ大統領に対しては革命評議会の設置法案を署名させる方針だったが拒否された。成功後は同大統領の地位は保全しつつもパンチャシラについては利用度を少なくして有名無実化し、既存四軍とは別の第五軍を編制する方針だった。

③（失敗と自己批判について）インドネシア共産党幹部にさえ反対者が少なくなく、中国などの国際共産主義勢力の支援が少なく、陸軍内部に浸透させていたインドネシア共産党勢力が思惑通り動かず、反共的な陸軍勢力の掃討作戦の始動があまりに早いなど、時期尚早だった。これが失敗の原因である。

④（失敗以後の行動について）決行の時、自身はジャカルタで指揮を執り、ハリム空軍基地でスカルノに対し将軍評議会の存在とそのクーデター計画について進言したが、スカルノは信用していなかった。ジャカルタでのクーデターが不成功に終わったことを受けて、中部ジャワで革命評議会を設置し、勢力の温存と回復を図ることとし、自身

はジョクジャカルタからソロに向かった。

⑤〔再び決起失敗について〕ソロで一〇月二三日に決起する予定だったが、掃討部隊の陸軍が進駐し権力を掌握したため計画は失敗し、自身も逮捕された。

アイディット自供書に先立ち、一〇月三日に逮捕されたインドネシア共産党のナンバー4であるニョノ中央政治局員兼ジャカルタ地区書記長の自供書も報道されていた。

それによると、政権奪取のための協議は一九六五年七月中旬から八月末にかけて行い、政治局はアイディットを議長として軍事作戦の実施を決定したこと、軍事作戦の理由として、スカルノ大統領の健康問題、将軍評議会がクーデター計画を早める可能性などがあったこと、戦術が不十分であったため作戦は失敗したこと、軍事訓練はハリム空軍基地内のルバンブアヤで行われたことなど、アイディット自供書と符合する部分が多い〔毎日(夕)1965.12.27〕。

チアンとハリデイの話題書『マオ』には、典拠となった資料や取材対象において、他の研究文献では得られない情報価値の高いものが含まれている。その一つである宮本顕治へのインタビューによると、毛沢東は北京派のインドネシア共産党と日本共産党に対し、「権力奪取のチャンスがあればいつでも武装闘争に立ち上がらなければならない」と絶えず指示していた。

宮本がアイディットとこの件について話し合ったとき、「毛沢東に心酔していたアイディットは行動を起こす意欲満々だった。アルジェ会議〔一九六五年六月に予定されていた第二回AA会議〕が流れたあと、手当たり次第に妄動に走っていた毛沢東は、奪権闘争に向けてインドネシア共産党の背中を押した」との、9・30におけるインドネシア共産党主犯・中国共産党関与説を裏付ける証言が書き留められている。さらに、毛沢東が日本共産党関係者に語ったことによると、毛沢東はクーデターの失敗はインドネシア共産党の責任であるとして、インドネシア共産党は「スカルノを盲信し、軍内部における党の力を過信した」「動揺し、最後まで戦い抜かなかった」という二つの誤りを犯したと話していたという〔チアン・ハリデイ(下)292-3〕。

アイディットを悼む毛沢東

アイディット処刑の知らせを受けて、毛沢東は友党の同志の死を悼み、詩(正確には詞《ツー》)を詠んだ。蔡毅・南山大学教授によれば、この詩はアイディット刑死の直後の一二月に書かれたもので、これまで毛沢東の作品として公表されてこなかったことから、一般にはあまり知られていないという。

蔡氏の訓読と現代語訳と合わせて味わってみよう。

卜算子　悼艾地同志

疏枝立寒窓
笑在百花前

奈何笑容難為久

春来反凋残

残固不堪残
何須自尋煩
花落自有花開日
蓄芳待来年

卜算子　艾地同志を悼む

疏枝　寒窓に立つ（まばらな梅の枝が春まだ寒い窓の向こうに見える）
笑（＝咲）　百花の前に在り（花を咲かせるのは他のどの花よりも早かったが）
奈何《いかん》せん　笑容の為すこと久しきは難きを（残念ながらそのすばらしい笑顔は長くみることができず）
春来たれど反って凋残す（春がようやくやって来たのに、かえって散ってしまった）
残　固より残に堪えず（散ってしまったのが残念でならないが）
何ぞ須《もち》いん　自ら煩を尋ぬるを（これ以上はあえて悩むまい）
花落つれば自ら花開く日あり（花は散るけれど必ずまた咲く日もある）
蓄芳もて来年を待たん（残り香を慰めに来年の開花を待とう）

蔡氏によれば、アイディットを梅になぞらえ、彼の死を散る花にたとえ、「世界革命の大きな流れからみればこれは一時的な低潮にすぎず、来年の開花＝将来の勝利を期待しよう」との意味を込めた詞なのだという〔蔡〕。

愛おしい同志は時節を得ないまま夭折したが、時が来れば大願は成就する。くよくよしまい、というような気分である。実はこのとき、毛沢東は北京を離れ、南方で鋭気を養い、文化大革命の導火線に火が着けられたところだった。逆境にありながら、高揚感に浸るような毛沢東のこのときの心境をもたらしたものは何であったのだろうか。そして、このとき地上の星となったアイディットは、冥界にてあこがれの人民の星が自分を詠んだ詞をどのように受けとめたのだろうか。

そのことに思いをめぐらす前に、クーデター失敗後のインドネシアを襲った災禍に目を向けておこう。

第3章　革命失敗
――赤狩りと華僑弾圧

革命運動は一日で鎮圧され
インドネシア全土に
粛清と迫害の嵐が吹き荒れた
中国は四面楚歌となって孤立した

「赤狩り」反共キャンペーン

9・30クーデターの失敗は、インドネシア社会を動揺させ、大きな犠牲と不可逆的な歴史的変化をもたらした。

鎮圧した軍と政府によって、事件は共産主義者の起こしたことだとされ、メディアや教育を通して共産主義の恐怖と脅威が宣伝された。そのことで、国民の反共感情はいっそう高まった。

事件直後の主に中国との関係から生じたインドネシア社会の変化を、同時期の邦紙記事を頼りに追ってみよう。

邦紙に着目するのは検索や読解が容易だからという理由だけではない。

事件の実行部隊となった革命評議会が鎮圧されたさい、鎮圧軍が最初に着手したのは反乱軍の占拠したラジオ・ジャカルタ放送局を奪還することだった。スハルト少将が臨時陸軍司令官となり、戒厳令が敷かれて夜間はいっさい通行禁止とされた。報道管制が敷かれて共産分子の多かった国営アンタラ通信社を掌握し、海外の通信機関を閉鎖した。事件直後の現地情報は、クアラルンプールやシンガポールで傍受した鎮圧軍の流すジャカルタ放送くらいしかなかった。

そのような中で、海外メディアのなかでも多くの現地特派員を配属させていた朝日・読売・毎日・東京など日本の新聞各紙や共同・時事の通信社は、他国に比べて非常に多くの、しかも多角的な視点からの独自記事を配信していた。とりわけインドネシア共産党の友党であった日本共産党の機関紙『赤旗』は、事件の前から佐々木武一記者を中心に多くの現地記事を掲載していた。

奪還したジャカルタ放送の一〇月一日夜の第一声は、ナスティオン国防相はウントン中佐率いるクーデターを粉砕したこと、スカルノ大統領も国防相と同様「安全かつ元気」であること、クーデターの責任者たちは逮捕されつつあること、革命評議会粉砕には、国防相の腹心スハルトが当たったこと、などであった〔朝日 1965.10.2〕。

次に国軍が一〇月二日に治安秩序回復を目指して着手したことは、共産党の『ハリアンラヤット（人民日報）』紙の発禁など、容共的メディアの閉鎖と発行禁止であった。五日からは殺された将軍たちの遺体をテレビや新聞に出して、鎮圧した側の呼称である「9・30運動《ゲシュタプ》」の残忍さを宣伝した。この「ゲシュタプ」という呼称は、その音のごとくユダヤ人虐殺に携わったナチスの秘密警察ゲシュタポを連想させる。事件は一〇月一日に起こったのであるが、鎮圧軍はこの語を充てるために、わざと一〇月一日の前日の九月三〇日の事件とした。また、事件の背景にコミュニストによる共産主義化の野望があったとして、「運動」と名付けたのである。

七日には、ジャカルタ市内で右翼によって反インドネシア共産党デモが組織され、イスラーム青年団・イスラーム学生連盟が党員三五〇万人を擁するインドネシア共産党本部を焼き打ちし、インドネシア共産党関係の学校・書店・インドネシア労組中央組織・インドネシア農民戦線・インドネシア婦人運動・人民青年団・人民文化連盟・インドネシア学生運動・高中学生徒連盟・インドネシア科学者協会などの団体の建物が破壊された。彼らはデモの際にアメリカ大使館の前で「アメリカ万歳」を叫んだ。「町に〝赤狩り〟の声」が飛びかっていた〔赤旗 1966.2.14、読売 1965.10.8〕。

在ジャカルタの中国大使館はキューバ大使館と同様に、殺害された将軍評議会の六将軍らを哀悼しての半旗掲揚を拒否した。そのため、八日にジャカルタで中国抗議のデモがあり、一四日に華商の約七割を傘下に収めていたバペルキ（BAPERKI＝国籍協商会、会長蕭《シャウ》玉燦《ギョクチャン》）の創設したレス・プブリカ大学（Universitas Res Publica）がデモをかけられて焼きうちされ、一六日にはインドネシア武装部隊による襲撃を受けた。反共運動は拡大し、インドネシア全土にデモがひろがり、共産党員と目された人への検挙・訊問・殺害が繰り広げられた。大統領の地位にとどまっていたスカルノは、インドネシア共産党の支持表明はしたものの、インドネシア共産党は事実上の非合法状態に置かれた。クーデターを起こした革命評議会のウントン中佐は、一〇月一一日に中部ジャワで捕らえられた。

ソ連は事態が収拾段階に入ってきたとみるや、一〇月一一日、ソ連共産党首脳からスカルノ大統領あてに健康回復を祝い、スカルノ大統領の秩序回復の努力を評価するメッセージを送った。北京とジャカルタが主張する両者の枢軸関係に楔を打ち、インドネシアが中国寄りの「過激なＡＡ主義から非同盟中立主義に復帰し、平和共存路線の戦列に加わる」ための外交上の布石であった〔毎日 1965.10.13〕。

共産主義者にたいする軍の掃討作戦と、住民同士による「赤狩り」は、またたく間にインドネシア全土に広がった。このとき日本の週刊誌でも詳細なルポが掲載された。すなわち「ベトナム以上のインドネシア大虐殺——政変後一年で五〇万人殺した血と性の赤狩り」という記事で、ジャワ島のみならず、バリ島やスマトラ島など、各地での残忍極まりない虐殺と暴行の実態を伝えている。それによると、陸軍はインドネシア共産党幹部に党員とシンパのリストを出させて、軍の指導者が夜になると巡回して、対象となる家の入口に白墨で共産党員であることを示す印をつけておき、翌朝、それをもとに徹底的な赤狩りをしたのだという。死者数は政府発表では八万九〇〇〇人というが、固く見ても三〇から五〇万人に達し、その数は当時のベトナム戦争四年間の南北合わせた死者三八万人に比べても格段に多い、まさに大虐殺だとしている。虐殺の加害者は反共右派の回教系の勢力ナフダトゥール・ウラマ（NU）で、軍部と結びついて黒幕となり、イスラーム系学生や青年組織が実行部隊となったという〔『週刊現代』1966.10.6号〕。

ちなみに、日本人の間でも手軽なリゾート地として人気の高いバリ島では、いまとなっては想像しがたいことだが、とりわけ島内人口比における殺害者数が多く、一九六五年末から六七年初めにかけて約八万人、島内人口の実に五パーセントに達した。これはポルポトのカンボジア虐殺の犠牲比率と等しい〔倉沢③119〕。

この赤狩りのために仕組まれたリストや、共産主義者の残忍なイメージを植え付けるメディア操作によって、虐殺は全土の津々浦々で草の根の住民によって行われた。このような社会暴力とでもいうべき大虐殺の構図について、倉沢愛子は国軍が意図的に「自分が殺《や》らなければ殺される」という恐怖を住民の間に煽って、ごく普通の市民を殺戮行為へとかきたて、共産主義者同士が「殺るか殺られるか」という二者択一で、自分の身を守るために仲間を裏切ることをそそのかしたことがその背景にあるとした〔倉沢③135-6〕。

なお、二〇一二年に制作された『アクト・オブ・キリング〔The Act of Killing〕』〔ジョシュア・オッペンハイマー監督〕という映画は、インドネシアの共産主義者とされた者たちへの殺害に関わった、ならず者の民兵〔「パンチャシラ青年団」〕たちを描いた再現映像からなる映画である。

この９・３０事件を世界史的な類比性のなかに定位するならば、陸軍内部の政争という点では、日本の２・２６事件を彷彿とさせる。草の根の「赤狩り」という点では、韓国・済州島の４・３事件に似ている。軍部の逆クーデターによる白色恐怖という点では、台湾の２・２８事件を想起させる。政府や軍が発動した大衆動員による組織的粛清という点では、後述する中国の文化大革命に近い。さらに政府軍の明白な指令による虐殺という点では、ポルポトの大量虐殺になぞらえることもできる。しかも、いまだその数は特定できないが、犠牲者の膨大な数と地理的広がり、事件がもたらした社会的変化の激甚さにおいて、これらの事件に勝るとも劣らないインパクトを持っている。

虐殺の犠牲者数については、今日に至るまで真実究明のための調査がなされておらず、解明にはほど遠いのが現状である。インドネシア軍筋が公布した数字では犠牲者は八万七〇〇〇人とされ、ＣＩＡの調査に拠れば約二五万人が殺害されたとした〔彭 86〕。倉沢愛子は、少なくとも五〇万人、陸軍の治安秩序回復司令部は一〇〇万人という数字を挙げているとした〔倉沢 ③vi〕。

とはいえ、これらの類似の事件と同様に、その真相はいまだ深い闇の中に置かれたまま現在にいたっている。また、事件後、日本人にとっての事件の深刻さと日本にとっての緊迫性は徐々に忘却され、無知無関心の屑籠に粗雑に放り込まれたままである。この忘却もまた、他の事件と大同小異である。

「赤狩り」を中国はどう報じたか

このような９・３０事件後のインドネシアでの反共キャンペーンに対して、中国はどのように対応したのだろうか。

この時期の『人民日報』『北京周報』などを見ると、多くの記事が緊迫の度を増すインドネシア情勢に割かれ、詳細に加害の実態を報道しつつ、インドネシア政府を激しく非難していた。

まず一九六六年七月二日、インドネシア学生行動戦線（ＫＡＭＩ）により新華社ジャカルタ支局が占拠され〔人日 1966.7.4〕、以後、反中国キャンペーンは各地の領事館破壊や華僑襲撃へと拡大していった。一〇月一六日の、インドネシアの「武装部隊と暴徒」による中国大使館への襲撃と大使館員への暴行に対しては、暴行を受けた大使館員が帰国してからの生々しい証言を「五星紅旗侮るべからず」の見出しで掲載した〔人日 1965.4.26〕。このとき襲撃した右派の暴徒二〇〇人余りは、「北京に帰れ」「チナ〔中国人の蔑称〕はインドネシアに住む権利なし」と喚いていたという。大使館はインドネシア政府に厳重抗議をした〔周報 1965.10.26、人日 1966.7.2〕。

ちなみにこのときの駐インドネシア中国臨時代理大使が「紅色外交戦士」として名を馳せた姚登山で、これらの暴行に体を張って必死の抵抗をし、中国へ強制退去させられた。北京空港に降り立った姚を周恩来・陳伯達・康生はじめ紅衛兵など七〇〇〇人が出迎えをした。その後、文革期に造反派外交官として毛沢東・林彪の覚えめでたく活躍し、英国代理大使館事務所焼きうち事件にも関与している。いっぽう、中国駐在インドネシア大使のジャオトは、六六年四月、ＣＩＡの代理人がインドネシア政治を右転換させ、大きな災いを作り出したとして大使を辞任し、そのまま北京に留まり、アジア・アフリカ・ジャーナリスト協会書記となった〔周報 1966.4.26〕。

一九六五年一一月に処刑されたアイディット・インドネシア共産党議長について、インドネシアでは中国が潜水艦でアイディットの脱出を企てたとの報道（インドネシアの週刊誌『スアラミング』）が流されたのを、中国側は中国とインドネシアの関係悪化を狙ったインドネシア右翼勢力のデマだと反論した〔周報 1965.12.14〕。

六五年末に至り、国防相のナスティオンがクーデターをインドネシア共産党による「９・３０運動」と規定し、インドネシア共産党の「徹底消滅」を呼びかけ、背後に外国の援助を借りてクーデターを図ろうとしたこと、それが中国であることをほのめかしていることを報道した〔人日 1965.12.11〕。

以後、中国側は共産主義者とインドネシア華僑への弾圧の首謀者を「右派軍人集団頭目」のナスティオンとスハルトとし、「ナスティオン‐スハルト・ファシスト軍人集団」「ナスティオン‐スハルト・ファシスト軍事政権」「スハルト‐ナスティオンをはじめとする右派軍人集団」「スハルト‐ナスティオン・ファシスト政権」などという呼称を定着させていった。

中国の国際的孤立

一九六七年一〇月、インドネシアは中国大使館と領事館の閉鎖と館員の引き揚げを通達した。そのうえ、負傷した館員の引き揚げのために中国の専用機がインドネシア領内に進入することも認めなかった。『人民日報』の表現によれば、インドネシア政府は「米帝ソ修反華の走狗としての醜い素性を暴露」した。かくて両国の外交関係は中断した〔人日 1967.10.4〕。

アメリカは一九六七年一一月になって、副大統領ハンフリーがインドネシアを訪問する首脳外交を展開し、世界銀行を通じての食糧援助を持ちかけた〔人日 1967.11.9〕。翌年六月、元国防長官で世銀代表マクナマラが訪問した〔人日 1968.6.22〕。こうしてアメリカは、経済援助とともに軍事基地をインドネシアに建設していった〔人日 1968.6.19, 7.19,

1970.3.7〕。いっぽう、かつてスカルノ時代にインドネシアに対して大量の武器供与と借款をしていたソ連は、再びインドネシア軍に武器供与〔人日1967.1.7〕、経済代表団を派遣、貿易協定を結び、経済・軍事・技術協力を展開していった〔人日1969.8.27, 9.1〕。

9・30事件後の国際情勢の暗転の結果、中国は「米帝国主義」「ソ連修正主義」双方への二正面作戦を国内外の世論の場で展開することを余儀なくされた。そのうえ、「中間地帯」の最大支持国だったインドネシア・カードを一挙に失った。

『北京周報』は米ソを激しく非難した。

「アメリカ帝国主義がインドネシアを自分の戦車にいっそうしっかりとしばりつけつつあること、かれらがインドネシアのファシスト軍事政権をアジアで反中国・反共・反人民の犯罪行為をおこなうための反革命の道具として利用していることを示している」〔周報1968.11.26〕

「スハルト-ナスティオン・ファシスト軍人政権の、人民武装勢力にたいする弾圧を助け、この反動政権の余命をひき延ばそうとして、ソ修裏切り集団は、このファッショ政権の巨額の軍事債務の返済延期にくりかえし同意した」〔同上〕

非難がエスカレートすればするほど、中国はホッジャ労働党首率いるアルバニア以外に親密な国家間外交関係を持たない、国際的孤立に追い込まれていった。

国際的孤立のなかで、毛沢東は起死回生の奇策に打って出る。革命のドラマの舞台は、いよいよ中国へと移る。文化大革命である。そのことは次章で述べよう。

「反華排華」反中キャンペーン

インドネシア共産党の背後には中国があるとされ、反中国感情が反華商感情へと転化し、国民の反共感情は反中国感情へと拡大した。インドネシア国内の華僑・華人が共産主義者及び中国の代理人と目されて暴力的に排斥された。中国では9・30事件後のインドネシア全土に広がった華僑排斥の動きを、「反華排華（華人華僑への迫害と排斥）」と名づけて激しく非難した。なぜこのときのインドネシア社会では、「赤狩り」の社会暴力が在地華僑への憎悪となって牙をむくことになったのだろうか。

この当時のインドネシアには人口の二・五パーセントを占める三五〇万人の中国系住民がいた。国籍別にみると建国後は中国国籍を選択する華僑が多かったが、一九五五年の中国政府との間で二重国籍防止条約が調印されて、中国政府はインドネシア在住の華僑は現地国籍を取得することを奨励し、インドネシア政府は中国籍華僑に対する不利な制限を加える条例を制定していった。このためインドネシア国籍を選択する華僑が増えて、インドネシア華僑はインドネシア華人となった。9・30事件当時は中国国籍の華僑は一一三万四四二〇人と、五四年時点よりも一〇〇万人ほど減った。インドネシア国籍の華人は二三〇万人程度で三分の二を占めていた。このほか無国籍が一二五二人おり、これは親台湾派の「中華民国」パスポートを所持する華僑で、インドネシアは台湾を承認していなかったため、無国籍者とされたのだった〔黄24、田中224-6〕。

華僑は表立った政治舞台には出てこないが、製造や流通部門では圧倒的な実力を持って、インドネシアの財界を牛耳っていた。それだけに地元のインドネシア人（プリブミ）には華僑に対する根強い反発心があった。

一九五九年にPP10（大統領令第一〇号）が発令されて、地方農村での商業活動の一部制限、強制立ち退き、財産没収、増税などの措置が取られ、地方の華僑は大都市に集中して商店経営に携わることを余儀なくされた。9・30事件後は、インドネシア軍による反共キャンペーンもあって、インドネシア華僑・華人は中国のエージェントと目されて反華人感情へと転化し、それまでも断続的に繰りかえされてきた華僑・華人迫害とは比較にならないくらい激しくかつ大規模な排斥運動となった。インドネシア人が潜在的に抱えていた華僑・華人への怨恨が覚醒し、反華僑・華人感情が顕在化したのである。

事件直後の一〇月七日、朝日新聞の駐ジャカルタ林特派員は、ジャカルタの下町の様子をこう伝えている。

「いつもは活気にあふれた下町の商店街も朝からヨロイ戸をおろしている。華商街のまん中にある中国大使館は出入りする人もいない。火が消えたようで、だれもしゃべりたがらない。華商のインテリが『反華商デモがおこりそうなので用心している』という。共産党におさえられて不満がうっせきして来た回教団体などが、反共デモを雪だるま式に大きくし右への政策転換を要求している。『デモは共産党非合法化要求だから反中国へ、最後に反華商へと発展するだろう』と、彼は深刻だった」〔朝日(夕) 1965.10.8〕

別の日本人特派員もまた、華商に対する風当たりが一段と強くなり、「爆発的な中国排斥の機運を生むおそれもないとはいえない」との街の様子を伝えていた〔朝日(夕) 1965.10.9〕。翌月の報道では新華社電として、インドネシア各地で、華僑に対する商店・華僑総会・中国人学校・住宅に対する破壊・放火・略奪があり、華僑に対する逮捕・暴行・虐殺が伝えられた〔アカハタ 1965.12.2〕。事件後、中部ジャワのスマランでは華裔公民(インドネシア国籍)は黒地に白字、華僑(中国国籍)は赤地に白字の表札を家門に掲げることが義務付けられた〔黄 141〕。単なる華僑の差別・迫害にとどまらず、商店・住宅・学校の破壊・焼きうち、財産略奪、強制移住から、華僑に対する無差別の殺害へとエスカレートした。

反華商デモはその後も鎮まることなく、翌年四月にはジャカルタで市内の中国人学校がすべて閉鎖され陸軍に接収され、インドネシア学生行動戦線・インドネシア高校生行動戦線などがバペルキ本部を接収し会長の蕭を逮捕した。商工業の実権を掌握してきた華商への圧迫が激化したことで、インドネシア経済そのものが停滞をきたした〔朝日 1966.4.10〕。

華僑迫害を中国と台湾はどう報じたか

インドネシアの華僑迫害について、中国はどのように捉えていたのだろうか。

中国では連日のように、インドネシア政府による「反華排華」だとして、メディアや集会などで非難キャンペーンを展開した。

『人民日報』の「反華排華」関連の報道としては、「六五年一〇月以降、インドネシア右派反動勢力は反革命軍事クーデターを発動し、狂ったように反共反人民と同時に、反華排華の凶暴な逆流をまきおこし、暴徒を策動し組織して華僑に対する残忍非道な迫害を行った」として、一二月、ロンボク島での二十数名の華僑殺害、スマトラ島北部のアチェでの一〇日間に及ぶ華僑襲撃を伝えた〔人日 1966.5.19〕。

「反華排華」は首都ジャカルタを含めジャワ島、カリマンタン島、北スラウェシ、南スマトラなどほぼ全域に広がり、暴徒たちは「シナ人〔インドネシア語で「オラン・チナ」〕出ていけ」と叫びながら、各地で数万人単位の華僑が迫害された〔人日 1966.6.30〕。「反華排華」は六八年になって終息したとされるが〔黄 150〕、『人民日報』では七三年半ばまで関連報道が続いている〔人日 1973.8.25〕。

いよいよインドネシアの華僑たちは追い詰められていった。

とりわけ在地の華僑が悲惨な命運にさらされたのが、「反華排華」が激しかったスマトラ島であった。スマトラ島北端のアチェでは六六年四月に華僑の家族は家を追い出され、街頭で辱めを受けたため、五月にアチェ軍区により華僑の強制退去が命じられ、少なくとも一万人の華僑難民がメダンに避難した〔黄 149〕。

九月にはメダンに集まった華僑難民は四五〇〇名に膨れあがり、インドネシア外交部は中国政府に船を派遣して中国に返送することを要求した。中国外交部は四回にわたり船を出して四二五一名を受け入れたが、なおもメダンの一四の収容所に六六〇〇名の華僑難民がいるとのことで、迫害は止まず、返送も滞った〔人日 1967.6.22〕。中国は外交部・華僑事務委員会・大使館などを通してインドネシア政府に「反華排華」を抗議した〔周報 1966.5.31〕。

中国はこの「反華排華」を策動しているのはインドネシアの右派であるとして批判した。すなわち華僑のなかに潜伏している「蔣幇特務分子（蔣介石一派のスパイ）」を利用して反中活動をし、迫害された華僑を台湾に強制送出しようとしている、これは「アメリカ帝国主義が作り出す『二つの中国』の陰謀の意図が露わになったものだ」とした〔人日1966.6.30〕。

このような華僑迫害の実態を、蔣介石治下にあって中国大陸と敵対していた対岸の台湾ではどのように報道していたのだろうか。

台湾でもまた、インドネシアでの事態を激しい調子で報道していた。具体的には、事件直後からジャワ各地で繰り広げられている二〇〇ほどの華僑商店に対する略奪や、スマトラのメダンにおいて六五年一〇月中に約一〇万人の反共デモがあり、親中親共の華僑商店や中国系学校や団体に対する暴動により華僑の死傷者が約二〜三〇〇人、家屋を失ったものの数千人に達していることや、スラウェシ島やバリ島などでの拡大しつつある華僑迫害についてである。台湾当局は、インドネシア華僑の受難は「匪共陰謀の犠牲であると同時に、インドネシア軍民が強烈な反共である今日、インドネシア華僑は決して望みを匪共の『保護』に託することはできず、匪共と『きっぱり縁切り』をしなければならない」との結論を下した。〔「印尼政局的新発展」『僑聯叢刊』華僑救国聯合総会編印・華僑出版社出版、1966.4.1、「専題報告印度尼西亜「十・一」政変与華僑的処境」中研〕。

台湾当局にしてみれば、事件後に起こった「排華」行動は、「中国共産党の陰謀の犠牲品」であった。とはいえ、「華（中国）」と「共（共産主義）」の違いがわきまえられないままに迫害を受けた華僑の中には、多くの無辜の良民が含まれている。そこで台湾当局はインドネシア華僑の生命財産の安全が脅かされていることに重大な関心と深い懸念を抱き、その後、積極的にインドネシアの華僑保護工作を展開することになる〔「印尼迫害華僑及〈護僑〉・〈撤僑〉之検討」(僑務委員会敵情研究室研究委員・呉枕岩) 国史 1967.4.25〕。そのことは第6章で改めて述べることとしよう。

「難僑」の帰郷

中国政府は北スマトラ島の中心都市メダンのいくつかの集会所に収容されていた「難僑(華僑難民)」を救出するために、一九六六年九月一三日、「帰国華僑受け入れ委員会」(主任は華僑事務員会主任の廖承志)を成立させ、「難僑」の返送と受け入れを画策した〔人日 1966.9.14〕。返送に当たっては中国の難民輸送船「光華号」の派遣と、広東・福建省を中心とする華僑農場への「安置(仕事や住居を与えて安定した生活をさせること)」を実施した。

アチェでの反中暴動について、当時の在地の文書や関係者への聞き取りを行ったメルヴィンによると、アチェでの対華僑暴行は事件発生直後の一〇月五日から、第一波は地元のインドネシア共産党関係者とみなされた親北京派の華人に対して、第二波は同月二〇日頃からバペルキ(国籍協商会)のメンバーに対して、第三波は六六年早々に華人コミュニティ全体に対して、いずれも軍の発令あるいは出動によりなされたという〔Melvin 73-87〕。

輸送船「光華号」は、四回（第一次六六年一〇月一〇日一〇〇六名、第二次一一月二八日一〇七六名、第三次六七年二月一六日一〇〇〇名余り、第四次五月六日一〇九九名）メダンに派遣され、「難僑」を郊外のベラワン港から広東省湛江に運んだ〔人日 1966.10.11, 11.29, 1967.2.18, 5.10、周報 1966.2.6, 10.18〕。そののち、六五年に創設された福建省寧徳県東湖塘の華僑農場などに送られてそこに居住した〔人日 1967.2.25〕。

倉沢愛子、松村智雄、周陶沫らの現地調査によると、９・３０事件後のインドネシア華僑を収容するために新設された華僑農場に、福建省寧化県の泉上農場があるという。ここにはアチェからの光華号による第二陣の集団引き揚げ約一〇〇〇名が収容された。

帰国船が到着する広東省の港である湛江や北京などでは、帰国した華僑同胞による、インドネシア政府の「反華排華」を非難する抗議集会が開かれた。彼らは手に毛語録をかざし、「インドネシア反動派を打倒せよ、アメリカ帝国主義を打倒せよ、ソ連修正主義を打倒せよ」と叫んだ〔人日 1966.12.5, 1967.1.21, 4.28〕。時はあたかも文化大革命の時代に突入していたのである。

インドネシアでの迫害を逃れて祖国中国に送還されたのち、身柄を預ける場所としてあてがわれた華僑農場とは、いったいどのような施設で、そこでインドネシア難民はいかなる生活を送ったのだろうか。

華僑農場について先行的な調査研究の業績がある田中恭子によれば、華僑農場は一九五一年に創設され、華南地方を中心に、福建省（17ヵ所）・広東省（23）・江西省（3）・広西チュワン族自治区（22）・海南省（5）・雲南省（3）の各省に点在する（さらに吉林省に朝鮮半島からの難民を受け入れた農場が一ヵ所あり、全国に七四ヵ所）。一九九六年現在で収容されている人口は総計約五八万人。華僑農場は海外華僑からの送金が中国にとっての重要な外貨収入であり、華僑優遇策をアピールすることで中国のよいイメージを海外に宣伝することから、積極的に創設された。国務院直属の華僑管理事務委員会の管轄で、国営農場として手厚い保護と援助を施した。帰国華僑の大半は、マレーシア・インドネシア・ベトナムからの「難僑」である。

改革開放以降、政治的イデオロギー的に重要性を失い、八六年以降は国家による優待はなくなり、市や県など地方政府の農場農墾管理局の管轄へと移行している。経営維持のための財政負担が大きくなり、現在多くの農場は民営化・企業化されて、農業や観光などの事業に重点が置かれている。農場を出て都会に職を求める者が増え、いまや各地の華僑農場は解体の危機にある〔田中 285-307〕。

華僑農場をたずねる

じっさいに華僑農場とはどのような生活空間なのだろうか。その現場を見てみたい、できれば迫害を体験した華僑の肉声を聞いてみたい。

広東省の省都広州の東北五〇〇キロほどのところに梅州市があり、そこはもともと中原にいた漢民族が南下した客家《はっか》が集住する地区で、五〇〇万人ほどの客家がいる。全国でも最も多くインドネシア華僑を移民として送り出したところである。梅州市梅県南口鎮には「僑郷村」があって、田畑のなかに風水に倣って山を背にして前方には半月型の人工池が穿たれ、後方には円形の住居が幾重にも連なる客家の伝統的家屋が多く点在している。この村の村民は二八〇〇人ほどだが、海外華僑のほうが四〇〇〇人と多い。東南アジアからの帰国華僑は自称・他称として「番鬼」と呼ばれている。

二〇一三年の春、倉沢愛子教授、松村智雄・法政大学教員とともに、梅州市を訪れた。

梅州市には「帰僑聯誼会（帰国華僑連合会）」があって、毎週定例のインドネシア帰国華僑が集っての親睦会が開かれている。私も梅州市の嘉応大学の肖文評教授・同大学客家研究院副院長から紹介されたインドネシア華僑のご夫婦に誘われて、日曜日に開かれたインドネシア出身の帰国華僑の親睦会に顔を出してインタビューをした。

梅州市の僑郷村

会場となった会館で、会員たちは楽しそうに「ハロー、バンドン」「アヨ、ママ」といったインドネシア語の歌を歌ったりダンスをしたりしていた。ただ中には９・３０事件後に単身飛行機に乗って中国に来て華僑農場に入れられた人もいて、警戒心が強く、あまり立ち入ったことを聞き出すことはできなかった。

広東省にある広蘭華僑農場（仮名）を訪れたのは早朝のことだった。たまたま朝の市場に多くの地元の人たちが集っていたために、話をすることができた。元気のよさそうな五〇代ほどの女性をつかまえて中国語で声をかけてみた。すると快活そうな表情はとたんに怪訝《けげん》な表情に変わってしまった。

同行した倉沢愛子さんが、見るに見かねてか、何気なさそうに「なんのお肉？　朝食用かしら？」とインドネシア語で尋ねると、途端に相好《そうごう》を崩して、家へいらっしゃいと誘われた。ここでの日常語はインドネシア語なのだ。女性の家にはインドネシアの舞踏や伝統音楽を演じる農場の若者たちの写真が飾られていて、出生地の文化を若い世代に引き継いでいくことに生きがいを感じていることがうかがわれた。話を聞くと先の一九六六年の帰国船でメダンからやってきたらしい。

農場の集会所に連れていってくれた。翌日の催しの準備のために、大勢の農民（農場では農民ではなく「農工」と呼ばれる）が集まっていた。話を聞くと９・３０事件のあとアチェで兄弟を殺された人や、ジャワ島から民間船に乗って帰国した人もいた。

その中の一人のジャワ出身の男性は、話をしたときは寡黙であったが、お暇して車に乗り込もうとすると、われわれを引き留めて、バイクに乗って自宅の方についてこいという。家に戻って一枚の紙を手渡すと、挨拶もそこそこに背を向けてバイクに乗って立ち去っていった。その紙に書かれた文字を追ってみると、インドネシア語でこう書かれていた（翻訳は倉沢愛子氏による）。

「中国における外来者は、注目されず、疎外され、忘れ去られている。人権擁護の立場からいうと、彼ら（つまり帰国華僑）は、中国の少数民族に数えられるものである。彼らは、五七番目の少数民族である。それは、『東方のユダヤ人（Yahudi Timur）』である。あらゆる分野で、世界中で進歩があるのに、この広蘭農場は旧態依然で、しかも逆に悪くなっている。その華僑の地位は重んじられず、現地民（中国人を指す、ここではインドネシア語のプリブミという言葉が使われている）と同じ扱いを受ける。そして現地民は、華僑について知ろうとしないし、国の法律も理解しようとしない。また、外来者の文化や風習についても無理解である。外来者のこころを傷つけるほかに、彼らは、帰国華僑の暮らしの状況を見て見ぬふりをしている。華僑の生活に必要な物資、施設は、老朽化しているというのに。このように苦しい思いをしているのに、現地民は心にかけようとしない。彼らは自分たちがよければそれでいいのだ。彼らは、華僑のことを、ちっとも土地をもっていない外来者の一団、としてみている。移動させられた我々に罪があるか。人々の暮らしの悲惨というのは、財産関係、あるいは天災ということがきっかけで起こるほかに、ある人が、自分のことばかり考え、貪欲なために起こる。これは、中国へ帰ってきた人の心に一般にある、失望感である」

男がインドネシアから遠く離れて暮らす祖国での苦難の日々が垣間見えるような内容であった。

華僑農場の実態

広蘭華僑農場での聞き取りや、華僑研究では定評のある広州の曁南大学東南アジア研究所や嘉応大学客家研究院などで、地元の研究者との研究交流を通して知ったことをまとめておこう。

インドネシアから中国に帰国した華僑は、渡華の時期に応じて、およそ三期に分けられる。

①一九五〇年代に主に祖国での中国式教育を受けるために自主的に帰国した華僑

②一九五九年のスカルノ大統領が発令したPP10（大統領令第一〇号、省・県・州以下の

町村における華僑経営の小商店を制限する排華的な条例。多くの華僑は移住先の住居や店舗を捨てて都市に転居したり、中国大陸に帰郷したり台湾に移住することを余儀なくされた）による排華政策がもたらした、一九五九年から六一年にかけての一〇万人の第一次帰国ラッシュ

③9・30事件後にインドネシアを追い出されるようにして帰国した、一九六五年から六七年にかけての第二次帰国ラッシュ

このうち華僑農場に「安置」されたのは②③の帰国華僑のケースで、「難僑」と呼ばれる。「難僑」は帰国してからの慣れない生活での苦労は語っても、文化大革命により海外資本家のレッテルを貼られ迫害されたことは、触れられたくない過去として記憶されていることが多い。特に③によって帰国したケースでは語りたがらないためか、これまでほとんどオーラルの記録が得られていないし、先行研究も乏しい。

歴史の欠落を埋めるために、今後の研究には9・30事件から文革にかけての当時のインドネシア・中国双方の行政文書のほか、当事者へのインタビューによる口述資料の蓄積が欠かせない。そのためには調査に協力してくれるインフォーマントを探し、そのようなインフォーマントの農工が多くいる華僑農場を探し、聞き取り調査をしなくてはいけない。

そこで調査の手ほどきを受けようと、二〇一三年一一月一九日、インドネシア華僑に関

する多くの研究を手掛けてきた人類学者、陳志明・香港中文大学教授に、東京で会って話を聞いた。陳教授はマレーシア出身の華人で、福建省泉州のバリ島出身者が多い華僑農場や香港のインドネシア出身者の集う校友会での調査を重ねてきた。

陳教授によると、華僑農場への学術調査の許可が必要となるが、華僑農場を管轄する地方政府の窓口を通すことになり、特に外国人となると正式の調査にたどり着くのはかなりの困難がつきまとう。しかもインタビューには北京語・現地語（客家語・広東語・閩南語など）・インドネシア語、とりわけインドネシア語に堪能でなければならない。

③によって帰国した華僑の場合、文革に遭遇しての苦しい生活を強いられたため、その当時の話は政治的配慮によって脚色される可能性がある。したがってインタビューには言語能力のほかに、話者の警戒を解くために十分な信頼関係の構築が必要になる。そこで、現地の大学との共同研究の形で訪問するのが方法としてはよい。あるいは華僑農場でなくても、出身地ごとの同郷会、インドネシアの中華学校ごとの校友会、帰国後中国で通った学校の校友会などの団体への聞き取りも有効だろう。香港には彼らのコミュニティが多く比較的アクセスが容易だ。香港大学の王蒼柏氏は香港の校友会をはじめとする華僑団体への口述資料に基づいた博士論文がある。

本書でインドネシア華人に関するその先駆的な研究を参照してきた黄昆章先生にもまた、

勤務先の広州の暨南大学を訪れたさいにお会いしたかった。だが残念なことに、大学を訪れた二〇一三年その年に、亡くなったという。

黄氏もまた、両親は広東の梅県の出身で、移民先のスマトラの南部で生まれ、ジャカルタの中華学校で「愛国教育」を受けたあと帰国し、天津の南開大学で学んだあと、暨南大学教授となるが、六八年末、文革で下放され、幹部の思想改造用の集団農場として設けられた「五七幹部学校」に入れられた。七八年に同大学に復職し東南アジア研究所に勤務した後、王賡武《ワンゴンウー》教授の推薦でオーストラリア国立大に留学してアンソニー・リード教授の指導を受けて研究した。オーストラリアのほか、中国各地のアーカイブスで資料収集に専念し、インドネシア華僑史研究を集成した。

黄先生との対面はかなわなかったが、暨南大学の鄧応文所長らをはじめとする東南アジア研究所のはからいで、黄氏の同僚の元暨南大学教授の曾祥鵬先生と会うことができた。

曾先生は会った二〇一三年当時すでに八八歳で、心筋梗塞を患ったことがあるというが、言葉ははっきりとしてお元気そうだった。曾さんも梅州出身の客家で、インドネシア最大の島である西カリマンタンのシンカワンで生まれた。一九四〇年一月に中華民国のシンカワン領事館が発行するパスポートを携えて船でシンガポールに行き、さらにラングーンから陸路昆明に入り、西南聯合大学に入学して社会学を専攻し、四七年に北京の清華大学を卒業したあと、四八年に再びインドネシアに戻った。中学校の教師をしていて、シンカワン各地の五つの小学校・中学校校長の連合（中華教育委員会董事会）の代表をした。五一年にシンカワンから西カリマンタン州の州都ポンティアナックにいき、さらにジャワ島のスマラン、チルボンと移動し、さらにジャカルタで『生活報』という華字紙の編集に携わった。奥さんは五二年に再び帰国し師範大学に入学し物理学を学び、インドネシアに戻れなくなった。曾さんは五九年のPP10のとき華人迫害により帰国した。シンカワンはじめ西カリマンタンではPP10で出国した人が少ないのは船賃が出せないくらい貧しいひとが多かったからだったという。中国にきて彼は北京の中国新聞社に配属された。文革が起こると江西省で労働鍛錬を命ぜられた。六九年に都市に戻り、七八年に湖南省衡陽に行った。八〇年に曁南大学に来て東南アジア研究所の副所長となった。専門は華僑教育だった。

このときの西カリマンタンの話が濃厚な華人コミュニティの生活をしのばせるものがあり、妙に印象に残った。西カリマンタンのことは9・30事件から文化大革命にいたる歴史の後日談として、第7章で触れることになる。

社会暴力としての華人迫害

9・30事件後の華人迫害について、果たして大量虐殺（massacres）なのかどうかについては、この時期に殺害された華人の犠牲者数が特定できていないこともあって議論がある。たとえばクリブとコッペルは、華人殺害の総数について、せいぜい二〇〇〇人程度であり、民族浄化やジェノサイドと呼べるような実態ではなく、「反華虐殺神話」が生まれたのは、一九六六年四月号の『ファー・イースタン・エコノミック・レビュー』が火をつけたのがきっかけで、華人は「東方のユダヤ人」だとして、ヨーロッパの反ユダヤ主義のホロコースト言説が移植されたことが背景にあるという〔Cribb & Coppel 454-8〕。

いっぽうでメルヴィンは、アチェの事例では華人をターゲットにした組織的殺害があったことから、ジェノサイドではなかったと結論付けるのは時期尚早だという〔Melvin 88-9〕。

9・30事件について倉沢愛子は、発生後の共産主義者に対するインドネシア全土に広がった大量殺害を社会暴力として注目し、社会暴力の発生した地域と諸事例に分けてその発生と拡大の要因を明らかにしようとしている。特に事件後の華僑迫害については、六五年一〇月に始まったバペルキ攻撃とレス・プブリカ大学焼き討ち事件に着目し、同時代資料や先行研究のほかに体験者への聞き取りを踏まえて独自の見方を提出している。すなわち迫害の根底には反中国人感情はあったが、人種的な「排華」の性格は強くはなく、現地化が進んだ華人の間で顕在化していた、華人は中華的な要素を放棄してインドネシア民族として現地に溶け込むべきとする同化主義者と、中国系インドネシア人は一つの種族として独自の文化を保持しつつ平等に扱われるべきとする統合主義者との間の対立のあらわれであること。華僑迫害は、事件後に共産主義者撲滅の旗印の下に、国軍と組んだ同化主義者の華人が、統合主義者を大規模に排除したのが真相だという〔倉沢④29〕。

確かに華人追放の事実はあったし、共産系の華人に対して長期にわたり組織的な迫害の結果、収容所での劣悪な環境に拠る死亡を含めて甚大な犠牲者をもたらした。したがって、たとえ民族浄化とは言えないにしても、大量虐殺のケースに含めてもよいのではないかと考えている。そのことは西カリマンタンでの事例を踏まえて、第７章で述べることにしよう。

第4章　マオの革命
——文化大革命の嵐

毛沢東は焦慮《しょうりょ》と猜疑《さいぎ》、狂熱と冷酷
反骨と孤独の領袖《りょうしゅう》である
彼は民衆の熱狂と林彪の知謀を受けて
自力で革命の祭壇に這いあがった

中間地帯論の変質

9・30クーデターは失敗した。中国にとってこの失敗は、オセロゲームの白黒が土壇場でひっくり返されるように、それまでの有利な条件が、ことごとく悲惨な結末へと暗転する結果をもたらした。

これによって中国は、頼みのインドネシア・カードを失い、ベトナム戦争が本格化する中で、「米帝国主義」と「ソ連修正主義」による国際的な包囲網により、孤立していった。言い換えれば、米ソという二大国が正面の敵として立ちはだかる事態になったのである。まさに「両面開弓（二つの正面に弓を引きしぼり放つ）」である。インドネシアとタッグを組んで懸命にお膳立てした第二回のAA会議は、開催国のクーデターであえなく流会となった。中間地帯に属する第三勢力の紐帯は、あるいはアメリカに糾合され、あるいはソ連やインドによって切り崩され、あえなく断たれた。

バンドン体制はすでに内部から崩壊していたとも言える。

それでも中国は、それまでのバンドン会議に端を発する第三勢力の国際的連帯というバンドン精神に彩られた枠組みを、決して放棄することはなかった。中国はいぜんとして非同盟中立のさまざまな連帯機構を維持し運営していた。

たとえば、一九六三年四月に設立されたアジア・アフリカ四七カ国が加盟したＡＡＪＡ（アジア・アフリカ・ジャーナリスト協会、一九六三年四月創立、アジア・アフリカ四七カ国加盟）は、六六年一一月に秘書事務所をジャカルタから北京に移した。代表は９・３０事件当時、駐中国大使として北京にいて、事件後、大使を辞任してそのまま北京に留まったジャオトである。ＡＡＪＡの英語版機関誌として、アルバニアでは*INDONESIAN TRIBUNE*が発行された。ＡＡＪＡ日本代表としてジャカルタに赴任していた元共同通信記者の杉山市平は、９・３０事件によりジャカルタの書記局が引き揚げて北京に移転されるのに伴い、北京の書記局へと転任した。また一九六七年二月には、OISRAA（Organization International Solidarity for People of Afro-Asian アジア・アフリカ人民連帯委員会）の海外代表処が北京に設置された。インドネシア語版機関誌として*Suara Rakjat Indonesia*（*Indonesian People's Voice*）が発行された。

とはいえ、ＡＡ連帯組織といえども中ソ対立の影響を受けざるをえず、とりわけ文化大革命以降はソ連派と中国派に分裂していった。

インドネシアといえば、９・３０事件の失敗後、反共・反中・反華僑に転じ、台湾は中華人民共和国に代わってインドネシアとの国交を樹立しようとの画策を本格化させた。とはいえ、インドネシア政府は中国との断交には踏み切らなかったし、台湾との国交に乗り換えることもなかった。スハルト政権になって西側一辺倒になったかというと、ソ連との関係を修復し、むしろスカルノ時代より対ソ関係は強化された。中国との外交関係は凍結したが、インドネシア華僑中心に貿易関係は継続した。スカルノからスハルトへの交替をもって、インドネシアは東側社会主義圏から西側資本主義圏に転じたと理解されがちだが、単純に東西対立の構図をそこに当てはめることはできないのである。このことの意味は改めて第6章で考えてみたい。

このときの北京の国際的な連帯を支える拠りどころには二つあった。一つは国際共産主義運動の統一戦線であり、もう一つは非同盟の第三勢力の結集である。ただ第三勢力といっても、国として中国との正式かつ正常な外交関係を堅持していたのはアルバニアくらいであった。カンボジア・ベトナム・北朝鮮など、中国との連帯を標榜してはいたものの、ソ連とも微妙なバランスをとりながら、中ソの対立を時には利用して便宜を得た。そのやり方に、北京は表向き両国間の絆の強さを自画自賛しながらも、したたかな相手国の外交姿勢に閉口していた。

中ソ対立が激しくなるに従い、国際的孤立を深める中国は、それまでの国家単位で敵味方を分けていた国家の中間地帯論を、人民の階級区分により敵味方を分かつ、人民主体の中間地帯論へと変質させていった。

たとえば毛沢東は、日本の松村謙三・石橋湛山・高碕達之助らについて、池田首相とは違うアメリカ嫌いの「人民の間接同盟者」だと表現している〔外交文選 487「中間地帯国家の性質はそれぞれ異なる」1962.1.3〕。また、一九六〇年に日本の作家代表団と接見した際に、安保闘争で死んだ樺美智子を「民族英雄」と持てはやしたり、アメリカの黒人公民権運動を高く評価したりしている。

「日本の人民と中国の人民は良い友達だ。われわれは団結の範囲を拡大し、アジア・アフリカ・ラテンアメリカ・全世界の帝国主義と各国反動派を除く九〇パーセント以上の人民と共に団結しなければならない」〔外交文選 482「日本人民の前途は明るい」1961.10.7〕

つまり中国にとっての連帯のパートナーは、国家としてではなくて人民の中にある勢力であって、中間地帯は米ソの世界支配を打破する各国内部の被支配階級の民衆運動の中にこそある、という発想である。

失意の毛沢東、流離の八カ月

国際社会での孤立を強いられたのは、中国だけではなかった。国家の領袖である毛沢東もまた、中国の権力政治のただなかで、孤立状態にさらされていた。一九五八年からの急進的な鉄鋼・穀物増産計画である大躍進運動や人民公社の大失敗により、毛沢東は次期国家主席を辞退し、その地位を劉少奇に譲った。

劉少奇や鄧小平らに政治や経済運営の主導権を握られ、かといって国際機構からの外的援助は期待できず、当面は自力更生政策を貫くしかなかった。一国の創業者である領袖が、権力の中枢から外され、あたかも彼の境遇さながらに、中国は四面楚歌で孤立していた。そのさなか、首都を離れて地方を流離する毛の内面には、煩悶と焦慮が渦巻いていたに違いない。

毛沢東は政権の中枢に敬遠されて鬱憤を抱えたまま、一九六五年一一月一二日から北京を離れ、天津−済南−徐州−南京−上海−杭州−南昌−武昌−長沙−杭州−上海−杭州−長沙−韶山−武昌と、華南地方を転々として、翌年七月一八日までのまる八カ月間、一度たりとも北京に足を踏み入れることはなかった。地方をめぐるさいのお定まりのコースであった。

毛沢東が一九六五年八月五日にアイディットと会い、9・30の失敗を経て、上海の『文匯報』に姚文元の「新編歴史劇『海瑞罷官』を評す」論文が掲載されたのは、北京を離れる直前の一一月一〇日のことであった。論文の主旨は、作家で北京市副市長の呉晗は、「海瑞罷官」を通して、一九五九年八月に廬山会議で毛沢東の大躍進政策の誤りを批判して国防部長職を解任された彭徳懐を海瑞になぞらえ、彭徳懐の名誉回復を意図したというものであった。文藝批評の形式ではあるが、行政の要職にある人物を批判することで、政治闘争へと発展することがもくろまれていた。

しかし、このとき『人民日報』は姚論文を黙殺し、転載しなかった。毛沢東は北京市長の彭真が組長を務めた「文化革命五人小組」（彭真・陸定一・康生・周揚・呉冷西）に対して、呉晗批判をけしかけた。だが、翌六六年二月、小組は「海瑞罷官」問題を文藝界の整風運動にとどめる報告書（「二月提綱」）を提出し、劉少奇が議長を務める中央政治局常務委員会の同意を得た。人民内部の矛盾に目を逸らし、階級闘争を徹底しないこの微温的な批判は、毛沢東の不興を買った。北京を離れた毛は、実権を握った北京の権力中枢に向けて、地方から反逆の矢を射ることを企図した。そこで毛沢東夫人の江青ら上海の四人組が、その行動部隊となっていく。

のちの五月一六日、五人小組は解散、彭真は党内外の職務から解任された。代わって新たに「中央文化革命小組」が設置され、この新小組が文革を指導する権力機構となっていく。この意味で、姚論文は後に文革が発動される導火線となったのである。

毛沢東は９・３０事件の失敗とその後の事態の急速な悪化のなかにあって、なぜ文革を発動したのだろうか。

文革発動を決定したのは他ならぬ毛沢東自身である。彼の主要論文の一つ、毛沢東思想の根幹ともいうべき「実践論」が強調するのは、人の「主観能動性の働きにより、人びとの認識を感性的なものから理性的なものへと」、「理性的認識から能動的に革命的実践を指導し、主観世界と客観世界を改造する」ことにある。では毛自身は、いかに彼の主観能動性を発現して文革という解を導きだしたのだろうか。革命家毛沢東の内面の謎に迫らなければならない。

北京に戻る二日前の一九六六年七月一六日、七二歳の毛は武漢を流れる長江を一時間余り、悠然と一五キロにわたって下流へと遊泳してみせる。

「長江は深くて流れが急だ、体が鍛えられるし、意志が鍛えられる」〔年譜5、599-600〕

体を張って革命をやるぞという意志を見せつけるこの決意の背後に、いったい何があったのだろうか。

9・30事件失敗の教訓

毛沢東の内面に迫るために、やはり毛の公式の日記とでもいうべき『毛沢東年譜』を紐解くことにしよう。9・30事件について、最も早い時期の発言が、事件の発生から二カ月ほど経過した一九六五年一一月二四日に記録されている。このとき毛は上海で、姚文元論文が北京で黙殺されていることに不満をいだいていた〔年譜5、542／1965.11.23〕。外国の賓客たちを前にひとしきり世界形勢の変化について語った。
「私の見るところ、最近、世界形勢に変化がある。この変化の始まりは今年二月のアメリカの北ベトナムの空爆と、今年九月三〇日から一〇月一日にかけてのインドネシア事変だ。最近幾つかの新たな事件が起こった。一つはアメリカの学生デモ。もう一つはインドネシア右派の発動した反革命クーデター。物事というものは、ある時はとても素晴らしく見えながら、すべて真っ暗闇になってしまうように見えることがあるものだ。われわれの政策が正しく、路線が正しくありさえすれば人民はだんだん目覚めて、われわれと一緒に立ち上がるものだ。フルシチョフが何人いようが、インドネシア右派がどれほど猖獗を極めようが、人民革命の局面を変えることはできない。人民の勝利までにはかなりの時間がかかるというだけのことなのだ」〔年譜5、543／1965.11.24〕
「〔上海でラオス人民党代表団との会見にて〕いまのベトナム南部の武装闘争はわれわれの過去の抗戦時期よりも発展しているから、われわれは彼らに学ばなければならない。あなた方も彼らに学びなさい。あらゆる東南アジアの党も彼らに学び、いかにアメリカ帝国主義をやっつけ、走狗をやっつけるかを学ぶのだ。総じていえば、アジア・アフリカ・ラテンアメリカは燃えさかったかまどだ」〔年譜5、546／1965.12.11〕
別の文献の伝えるところによると、毛沢東はインドネシアでのクーデターが鎮圧され、インドネシア共産党が弾圧され、数十万人の党員や左派分子が殺害されるとかえって上機嫌となり、これは却ってよいことだと言ったという。これでインドネシア共産党は目覚めて山に籠って根拠地を作り、武装闘争に入るしかなくなるからだという〔楊 26〕。9・30運動の失敗は毛の革命への情熱を阻喪させるどころか、逆に継続革命・世界革命への妄想を募らせたのであった。

毛の気分とは裏腹に、日本のコミュニストにとって、9・30事件の失敗は手痛い教訓をもたらした。事件から二年弱、アジア・アフリカ人民連帯日本委員会（代表は愛知大学の坂本徳松）は『インドネシア革命血の教訓』という小冊子をまとめた（東方書店、一九六七年）。またアルバニアのトリビューン社で発行された『インドネシア革命――九・三〇事件と今後の展望』が翻訳出版された（刀江書院、一九六七年）。アイディットの平和共存路線では民族解放のための革命的高揚を殺ぐこととなり、アメリカ帝国主義を助長させるに過ぎない、という悲観的な見方である。

日本共産党代表団との会見

毛沢東に革命への啓示をもたらした契機とは、いったい何だったのか。

『年譜』を読み進めるうち、それが唯一だということの確証はないが、文革直近の出来事として、毛と日本共産党代表団との会談が重要なポイントであることに思いいたった。両者の遭遇は、中国側以上に日本共産党の公式報道がより詳細に伝えている。日共中央委員会が書いた党史と、代表団に随員として同行した小島優（日本共産党中央委員会常任幹部会委員）が編集したこのときの両党の会談実記〔小島〕を踏まえて、当時の訪問での出来事を再現してみよう。

一九六六年三月、宮本顕治書記長を団長とする代表団は、ベトナムのハノイを経て北京を訪問、中国共産党中央委員会は劉少奇が団長となって両党間での共同コミュニケを審議し合意した。合意にあたっては、アメリカ帝国主義反対、ベトナム北爆反対では一致していたものの、ソ連共産党指導部の評価をめぐって、激しく批判し国際共産主義運動の分裂は必至だとする中国側と、国際共産主義運動の共同行動を重視し社会主義陣営の分裂を避けるべきとする日共側との間で紛糾した。米軍の北爆を阻止するための反撃が第三次世界大戦を引き起こすことは不可避とする中国側と、世界大戦を避けるためにはソ連の直接的な軍事行動の不介入は容認するとする日共側との立場の違いも浮き彫りになった。議論は平行線のまま日共代表団は共同コミュニケの同意を断念し、北朝鮮を訪問した。

北朝鮮訪問を終え、帰国のために一時立ち寄った北京で、意外なことに北京側から共同コミュニケの発表を再提案されるのである。団長は劉少奇から周恩来に代わり、そこでの議論もソ連修正主義批判をめぐり平行線であった。だが、最終的には日共側の修正案をのむ形で、ソ連への名指し非難を避ける形でのコミュニケがまとまった。

翌日の三月二八日、日共代表団は正式会談の日程はすべて終えたものとして、安堵した心持で、あとは表敬訪問のつもりで、毛沢東に会うために特別機で北京から上海へ向かった。北京会談の周恩来・彭真ら主要メンバーは同行せず、康生・趙毅敏・趙安博が同行した。

上海では午前一一時ころ、毛沢東邸に赴いた。会談が行われる部屋には上座に毛と宮本書記長がならんで座るようになっており、後ろが通訳の席、窓側に日共の団員として、岡正芳常任幹部会員・蔵原惟人幹部会員・米原昶幹部会員・砂間一良幹部会員候補（当時北京に駐在）が座り、それに向き合って中国側の康生・趙毅敏・趙安博・魏文伯らが座った。まだ毛と康生はそこにいなかった。

趙毅敏は冒頭で、共同コミュニケについて修正点を述べた。革命路線の統一戦線を強調し、ソ連を国際統一行動から名指しで排斥するという北京の会談での中国案の復活提案と、両党内部の現代修正主義の思潮に断固反対せよと党内闘争の課題を提起する、北京会談よりもさらに踏み込んだ内容だった。

具体的に修正条文の例を示そう（傍線が修正部分）。

（正文）「両党の代表団は、アメリカ帝国主義に反対する闘争をすすめるうえで、現代修正主義に反対する闘争の意義を強調した。現代修正主義者は、これまでアメリカ帝国主義を美化し、これに追随する路線をおしすすめてきた」

（修正）「両党の代表団は、アメリカ帝国主義に反対する闘争をすすめるうえで、ソ連共産党指導グループを中心にした現代修正主義に反対する闘争の意義を強調した。ソ連指導グループを中心とした現代修正主義者は、これまでアメリカ帝国主義を美化し、これに追随する路線をおしすすめてきた」

（正文）「一九五七年と一九六〇年の共産党・労働者党代表者会議の宣言と声明が強調しているように、主要な危険である現代修正主義に反対し、また同時に教条主義とセクト主義を警戒して、マルクス・レーニン主義の純潔をまもるためにたたかうことは、国際共産主義運動の前進と発展のため欠くことのできない任務である」

（修正）「一九五七年と一九六〇年の共産党・労働者党代表者会議の宣言と声明が強調しているように、主要な危険である現代修正主義に反対し、同時に必らずわれわれ両党自身の内部にある教条主義とセクト主義に断乎反対し、克服しなければならない。そしてもっとも主要なことはわれわれ両党内部の現代修正主義の思潮に断乎反対することであり、このような思潮は、国内外のブルジョアジーの反共・反革命・反人民の思潮の、われわれの党内における反映である。……ソ連の指導グループをかしらとした現代修正主義はわれわれに反対する際、われわれのことを修正主義者だと言わないで、教条主義者、セクト主義者だと言っている。このような言い方は、とりもなおさず真のマルクス主義と真の国際革命党派と革命的人民の団結をさしているのであって、外のものをさしているのではない」

北京で歓送宴会まで開かれて成立を祝った共同コミュニケに異議を唱えるという事態に、宮本書記長は「なにか、異常な、重大事態が中国指導部内におこっていることを感ぜざるをえなかった」。自主独立路線を標榜し、ソ連共産党指導部とも距離を保ちつつ中国派と目されることを避けたい日本共産党にとって、とうてい呑めるような条文ではないことは、すでに北京会談で明確に意思表示をしていた。

そこに毛沢東が康生とともに入ってきて、険しい表情をして厳しい口調で宮本に切り出した。

「孤立をおそれてはいけない。また戦争をおそれてはいけない。裏切者にたいして融和的態度をとってはだめだ。あなたたちは志賀〔一九六四年、「ソ連盲従の反党的態度」をとったとして日本共産党を除名された志賀義雄〕や右翼社会民主主義者にたいして融和的態度をとっているか」

さらに毛は、これまで党内で「左右の日和見主義者」の挟撃にあっても、国際的な支持を失っても、孤立をおそれなかったと自負し、戦争を恐れないと意気軒高に語った。「戦争で一億や二億犠牲になったとしてもたいしたことはない。……日本の人口の二倍ぐらい犠牲が出てもたいしたことはない。……ベトナムにたいする爆撃もたいしたことはない。中国でも、蔣介石や日本の爆撃とたたかった。朝鮮戦争でもアメリカの爆撃とたたかった。しかし最後には勝利した。アメリカが爆撃しているのはよいことだ。そのためにベトナム人民が団結している」

話題はコミュニケに対する毛の修正案に転じて、毛は顔を赤らめいっそう語気を強めて言った。

「私はあのコミュニケを読んでたいへん不愉快だった……これは主題がはっきりしていない。現代修正主義とあるがだれを批判しているのかわからない。中国共産党も日本共産党もソ連の修正主義を公然と批判しているのだから、はっきり名ざしで書かなければだめだ。このコミュニケは妥協的だ。私はどうしてもいわなければならない。このコミュニケは勇気がなく、軟弱で、無力である……北京の連中もこれに同意したのだろう。（北京の連中は）軟弱だ。私の意見をおしつけるわけではないが、原文のままだと発表しない方がよい」

国際民主運動の共同行動についての話題となると、毛はインドネシアの9・30事件に言及した。

「インドネシアは社会主義国ではないが、ひとたび右翼が攻撃をかけてくれば、たとえ民主団体に何十万、何百万を組織していても、いっぺんに雲散霧消してしまう。民主団体の力はたいしたものではない」

翌日の三月二九日朝、宮本・岡・蔵原・米原・砂間の五名が再び毛沢東邸を訪れた。ここでも依然として両党のソ連共産党指導部に対する見方の違いについて歩み寄りはなかった。毛沢東は最後の意見を述べた。

「ありがとう。私もこれ以上話すことはない。ただ一ことと二ことある。あなた方のこのような態度はソ連共産党指導部に歓迎されるだろう。これが一こと目。私たちは歓迎できない。これが二こと目。コミュニケはみたところ発表できない。コミュニケを発表しなくてもかまわない。……あなたたちの方でコミュニケをだすことを要求しないのに、われわれがだそうといったのは間違いだった。これをだせば双方不愉快になる」

結局、共同コミュニケは破棄された。毛沢東は前日の会談での饒舌ぶりとはうってかわって、二日目の会談は終始寡黙で無表情だったという。

会談の終わった日の午後、日共代表団一行は上海から空路広州へ向かい、帰国の途についた。広州に着いてから以降は、予定されていた歓送会はじめ公式行事は一切取りやめとなった〔小島 184-224〕。

日本共産党と中国共産党との決裂

かくて両党は完全に決裂した。

その変化は突然、日共訪問団一行の帰国直後、コミュニケの物別れから四ヵ月後の七月に現れた。中国共産党は「四つの敵」としてアメリカ帝国主義、ソ連修正主義、日本反動派のほかに、さらに「日共修正主義」を加えることとなったのである。

当時、日本共産党はコミュニケ破棄を公表しなかった。じっさいに宮本書記長ら一行が帰国した四月五日の党の機関紙『赤旗』を見ても、「ベトナム、中国、朝鮮を訪問　戦闘的団結と友好深める」の見出しで、帰国をさりげなく伝えるだけで、共同コミュニケに関する記事は見当たらない。「問題を内部的に解決するという配慮から、この段階では中国への名ざしの反論や批判」を控えるという判断だったという〔日本共産党中央委員会②191〕。日本共産党がこのことで沈黙を破ったのは、翌年一月になってのことだった。

だが訪中団一行が帰国するやいなや、日本共産党は中国共産党との破談をうけて機敏な対応を見せた。西沢隆二（筆名ぬやま・ひろし）、安斎庫治、宮崎世民、井出潤一郎、北沢正雄、寺尾五郎、「日本共産党山口県委員会左派」の福田正義・原田長司など、党内の中国支持者をことごとく除名したのである。彼ら親中派には「毛沢東盲従集団」「国際盲従分子」とのレッテルが貼られた。特に山口県で分派活動を続ける左派の組織に対しては、「福田一派の反党分子」と名指しでの批判を続けた。いまもなお、この山口県左派は政治活動を続けている。そのことはまた第9章で触れることにしよう。中国共産党と日本共産党との間はますます険悪となり、双方の非難はエスカレートしていった。

中国側はこのときの両党決裂劇における毛沢東の挙止言動をどう記録しているだろうか。『年譜』の三月二八日を見てみよう。毛沢東が昼の会食で日本共産党代表団に語ったことが記録されている。

「いつだったか蔵原惟人同志は私に一国で共産主義が打ち立てられるかどうか尋ねたことがあった。私はそのとき帝国主義がある以上、共産主義を建設することは不可能だと言った。今私は同じことを考えてみると、帝国主義がすべて打倒された状況においては、全世界はすべて社会主義に変わっても、いつ共産主義が打ち立てられるかはやはり定かではない。ブルジョアが打倒されても、決して死んではおらず、いろんな方法を用いて共産党を腐食させるからだ。われわれの国家にも多くの修正主義者がいるし、多くの教条主義者もいる。教条主義というのは、外国のものを崇拝し、中国の死人と外国の死人を崇拝し、また外国の生きている人を崇拝することだ。あなた方は崇拝はするものではない。本国の死人と中国人を含む外国人を崇拝してはならない。孤立を恐れるな、戦争を恐れるな。孤立への備えがなければ、孤立すると慌てることになる。戦争への備えがなければ、戦争になったらどうしようもなくなる。われわれはいまアメリカ人が戦争を仕掛けてくるのに備え、修正主義の攻撃に備え、アメリカとソ連が協力して中国を分割するのに備えている。この備えをしておけば、やつらがやって来ても立ち向かえるのだ。それは最悪の可能性かもしれないし、攻めてこないかもしれない。同志たちよ、まずは孤立を恐れるな、第二に戦争を恐れるな。むろんわれわれは孤立を望まないが、孤立したらどうするか。党内の孤立もあろうし、国際的な孤立もあるだろう。どんな事情があろうと、原則を堅持せよ、ゆめ原則を失うな。私はコミュニケを修正したから、研究してみてほしい。私の修正を受け入れなくてもいいし、発表しなくてもいいし、別にニュースを流しておけばそれでいい。あなた方はわれわれに強制できないし、われわれもあなた方に強制できないから。でも、私個人の見るところ、私の修正案はあなた方にとって有利だし、われわれにとっても有利だ」〔年譜5、571-2／1966.3.28〕

翌二九日の『年譜』には、日本共産党との会見での発言をこう記す。

「どうもコミュニケは発表できない。コミュニケを発表しなくてもどうってことはない。ニュースを出しておけばいい。コミュニケなどというものは一種の形式主義だ。あなた方がそもそも発表したくなかったのに、われわれがあなた方に提出したのだ。私はこんなのではだめだと言ったので、あなた方から修正をだしたのだ。今日もし共同コミュニケを発表すれば、双方とも不愉快だ。コミュニケを発表しなければ、双方とも精神的負担はないし、気が楽で愉快だ」〔年譜5、572／1966.3.29〕

結果として中国共産党は日本共産党を対ソ連修正主義批判の陣営に取り込んで共同戦線を組むことに失敗し、日本共産党を見限ることとなった。初期の中間地帯論からすれば、日本は対帝国主義批判のための中間地帯に属すものであり、日本共産党は国際共産主義運動の統一戦線を組むべき友党であった。それを自陣に組み込むことで、中国共産党から遠ざかりソ連共産党に接近しようとする社会主義圏に楔を打ち込む効果を期待していたであろう。だが日本は西側の資本主義陣営であり、日本共産党は自主路線を歩みつつもソ連共産党とも良好な関係を維持しようとしていたから、共闘するにはそもそも困難な相手だった。

日本共産党との決裂は、中国の国際的孤立に拍車をかけた。そこで、毛沢東は共産党の国際連帯による統一戦線路線ではなく、階級闘争をかなめとするプロレタリア人民の国際連帯への転換へといっそう舵《かじ》を切った。そして重点は国外の敵よりも国内の人民内部の敵に向けての闘争へと移っていったのである。

起死回生の文革発動

北京での共同コミュニケを破棄した二八・二九日のその日、『年譜』には毛沢東の康生に対する談話が記録されている。

「北京市委員会と中央宣伝部は悪人を庇っているから解散させよ。なぜ呉晗批判に罷官を関連づけられないのだ、廬山会議を関連づけられないのだ。彭真に言っておけ、悪人を庇うな、上海に謝れと。学術批判は大衆路線でいかなければだめだ」〔年譜5、572／1966.3.28-29〕。

　顔面を紅潮させてまで宮本らに修正を迫った、共同コミュニケ案に対する不満は、日本共産党に対する不服というよりも、共同コミュニケを正文化した北京の実権派に対する憤懣の表出であったと見るべきであろう。そして翌日、打って変わって合意不成立を達観したように、無表情で日本共産党代表団と会見した毛沢東の胸中では、すでにその攻撃の照準は北京に向けられていたのである。

　三月三〇日の『年譜』には、康生・張春橋・江青ら四人組を含む文革派との談話が記されている。

「呉晗はあんなにたくさんの反動的な文章を書きながら、中宣部は挨拶の用なしだという。

ではなぜ、姚文元の文章を公表する段になると中宣部に挨拶せよとなるのだ（彭真は上海市委員会宣伝部長に、上海で姚文元の文章を発表した際に、なぜ中宣部に報告しなかったかと電話で詰問した）。君（彭真）は鬼を中に入れない閻王殿だ。閻王を打倒して鬼たちを解放せよ（「打倒閻王、解放小鬼」）。十中全会は全国で階級闘争をせよと決議したではないか。なぜ学術界・歴史界・文藝界は階級闘争をしなくて済むのか。孫悟空は天宮を騒がすのだ。君は孫悟空の側に立つのか、天兵天将・玉皇大帝の側に立つのか。中央はとっくに階級闘争をせよ、反修正主義の文章を書け、秀才を養成せよと決議した。国際修正主義に反対するだけで国内修正主義には反対しないだと。私は中央が間違っているときは地方が中央を攻めるのだと主張し続けてきた。去年九月の工作会議で専らこの問題を話した。もし中央が修正主義をやるなら地方が造反する。学閥とは何だ。学閥とは反共知識人を庇う人たちのことだ。将兵を支持し、孫悟空を守れ。もう支持しないというなら、五人小組（中央文化革命五人小組のこと）や中宣部や北京市委員会、省・市の委員会であろうが解散だ。闘争には策略がある。一つの学校で二、三人を批判すると、討論せざるを得なくなる。多すぎてはいけない。対処の仕方を区別しなければいけない。郭沫若、范文瀾は保護することに賛成だ。郭は功績が誤りより大きい。誰もが過ちを犯しうる。姚文元を市委員会に置くというやり方はいい。文化革命を徹底的にやってのけることができるか、政治的に持ちこたえられるか、中央は修正主義を追い出せるかどうか。まだ解決していない。われわれはもう年老いた。次の世代が修正主義思潮に耐えられるかどうか、何とも言えない。文化革命は長期にわたる巨大な任務だ。私が一生かけて完成できずとも、必ずやり遂げなければならない」〔年譜5、571-3／1966.3.30〕

まさに日本共産党に対する共同コミュニケ批判の翌日に、北京にいる国内の政敵にたいする宣戦布告がなされた。毛沢東が日本共産党との決裂をも辞さないほどの決意を抱いて共同コミュニケの修正に臨んだ日こそが、みずから文化大革命の狼煙《のろし》に点火した日であった。「閻魔殿の門を開き、中の鬼を下界に解放せよ」——地方から中央に向けての宮廷クーデターともいうべき、毛沢東流の革命劇の幕は、ここに切って落とされた。

毛沢東の革命の狼煙は即時北京に伝達された。三月三一日に北京に戻った康生は毛沢東の指示を伝え、書記処会議が開かれ、毛の指示に従い、「プロレタリア文化革命の旗を掲げ、徹底的に文史哲方面の反動学術思想を批判し、徹底的にこれらの学術権威の反党反社会主義的なブルジョアの立場を暴露する」とし、彭真らの文革五人小組の過ちを指摘した〔年譜5、573／1966.4.2〕。

毛の最初の標的はこの文革五人小組だった。毛は先述した小組のまとめた「二月提綱」を撤回させるべく、杭州にいて四月下旬をかけて通達に手を入れ加筆していった。この通達は、毛流の革命の珠玉がちりばめられたいわば原石である。

再び呉晗の「海瑞罷官」批判に戻ると、毛にとってここで提起されたのは、「二月提綱」の言うような文藝批評にとどまる問題ではなく、文化思想戦線の階級闘争であり、政治闘争なのである。ブルジョアは「反共・反人民の反革命分子」であって、彼らとの間に平等や平和共存や仁義道徳などということが入り込む余地は決してありえない。「生きるか死ぬかの闘争（「你死我活」）」だ。「破壊・批判・革命なくして道理は立たない（「不破不立」）」〔文稿12、38-45〕。

この通達が公式の文革宣言としての、中共中央政治局拡大会議が五月一六日に発した、いわゆる「五・一六通知」となる。通達に手を入れるさなか、毛沢東は中共中央政治局常任委員会拡大会議を主催し、講話した。

「単なる呉晗の問題ではない。これは魂に触れる闘争だ（「触及霊魂的闘争」）、イデオロギーに触れ、触れる範囲はとても広いのだ。……往くものは諫めず、来るものは放すな。今こそ摑め、破壊なくして存立はない、徹底して破壊せよ、破壊のなかに存立はある。破壊してこそ道理があり、道理があれば存立する。マルクスはヘーゲルを破壊してこそ存立したし、空想的社会主義を破壊してこそ科学的社会主義が存立した」〔年譜5、580／1966.4.22〕

攻撃の的を絞ったら徹底的に破壊せよ。この「破る」ことが文革発動を決意した毛沢東の闘争哲学であった。この破壊部門のメッセンジャーと下手人役を担ったのが、抗日戦争期に特務工作の責任者であり、多くの党内幹部の粛清を行った康生であり、左派のイデオローグとして数かずの党内実権派の粛清に手を染めた陳伯達であった。のちに陳は文革発動の六六年五月に設立された「中央文化革命小組」の組長となり、康は顧問となって、文革を指導し実行する部隊を率いた。

では何を「立てる」というのだろうか。文革のこの建設部門を担ったのが、軍人であり五九年の彭徳懐解任の後、国防部長に就任していた林彪であった。

五月七日、林彪が起草した「さらに部隊の農業副業生産を向上させることに関する報告」を読んだ毛沢東は林彪に書簡を送る。

「この計画は見たところとても良い。……世界大戦が起こらない条件の下では、軍隊は一つの大きな学校であるべきだ。たとえ第三次世界大戦が起こる条件の下であっても、一つのこのような大きな学校でありうるし、戦う以外に色々な仕事ができる。第二次大戦の八年間、各抗日根拠地でわれわれはこのようにしてきたではないか。この大きな学校は政治を学び、軍事を学び、文化を学ぶ。また農業副業生産を学ぶ。また中小工場を起こし、自分たちの必要な若干の生産品と国家が等価交換する産品を生産する。また大衆工作に従事し、工場・農村が参加する社会教育四清運動〔政治・経済・組織・思想を純化する社会主義教育運動〕に参加する。四清が終わったらいつでも大衆工作をやれば軍民は一体化する。またいつでもブルジョア批判の文化革命闘争に参加しなければならない。このように、軍学・軍農・軍工・軍民などをすべてくっつける。……数百万の軍隊が起こす働きはとても大きいのだ」〔文稿12、53-4、年譜5、584-5／1966.5.7〕

この林彪あて書簡が「五・七指示」として全国に通達される。軍隊を革命の大きな学校にして、工業・農業・教育を展開し、自給自足の、差別のない社会を建設しようという、ユートピア社会実現のための理想の表明であった。

「不破不立」あるいは「破旧立新」という、スクラップ・アンド・ビルド＝破壊なくして創造なしの革命劇は、「立新」をめざす「五・七指示」と「破旧」をめざす「五・一六通知」によって発動された。

「司令部を砲撃せよ」

そこに外部の援軍が現れた。

五月二五日、北京大学の食堂の壁に聶元梓という当時北京大学哲学系講師で党総支部書記ら七名が、学内の党幹部、陸平学長・宋碩・彭珮雲らを批判し文化革命を支持する壁新聞を貼りだした。

北京大学での社会主義教育運動の方針をめぐり、それまで主導していた陸平派に聶元梓派が造反した。彭真は陸平を支持していたことで、康生は聶元梓に肩入れし、毛沢東に聶元梓の壁新聞情報を知らせていた。陳伯達は『人民日報』に壁新聞掲載を働きかけた〔厳・高(上)、43-5〕。

新聞・放送メディアは壁新聞を大いにフィーチャーし、六月一日『人民日報』は「北大の一枚の壁新聞を歓迎する」という記事と、「人びとの魂に触れる大革命」という社説を掲載した。さらに陳伯達が起草した「すべての牛鬼蛇神を一掃せよ」との社説には、「思想文化陣地に巣くう大量の牛鬼蛇神を一掃せよ」「四つの旧を破壊し、四つの新を打ち立てよ（四つとは思想・文化・風俗・習慣を指す）」と書かれた。これらの記事は、毛沢東が全国に宣伝するよう、康生と陳伯達に指示したのだった。毛は教育界とメディア界に造反の布石を打っておいたのである。

そして翌日、毛みずから聶の壁新聞と『人民日報』報道を賛美する壁新聞を書いた。

「司令部を砲撃せよ——私の一枚の壁新聞」。

もともと六月二日の『北京日報』に掲載するつもりだったが、自重し、反撃に向けて噴出寸前のマグマを溜めて、八月五日の『人民日報』に発表した。

「同志たちよ、再度この壁新聞と評論文を読むように。しかし、五十数日の間に、中央から地方のある指導者同志たちは、逆行する道を歩き、反動的なブルジョアの立場に立ち、ブルジョア独裁を実行し、プロレタリアの苛烈な文化大革命運動を攻撃し、是非を顚倒させ、黒白を曖昧にし、革命派を囲い込んで殲滅し、異論を抑圧し、白色テロを行い、みずからいい気になって、ブルジョアの威風をほしいままにし、プロレタリアの志気をくじく。その害毒の何たることか。一九六二年の右傾と一九六四年の『左』に見せかけながら、実は右の誤った傾向を想起させる。覚醒を促すことではないか」〔文稿12、90〕

この「司令部」とは北京で実権を握っていた劉少奇を中核とする実権グループであった。彼らを打倒せよ、との宣言を発したのである。

強力な援軍、紅衛兵

さらに強力な援軍は、党員ではなく政治経験のない若者たちの間に生まれた。

五月二九日、清華大学付属中学校に全国で最初に未成年学生の革命組織が成立した。紅衛兵である。この非党員組織に対して、毛沢東がいつ頃に、どこまで造反の布石を打っておいたかどうかは定かではないものの、毛沢東は無軌道な若いエネルギーに期待をかけた。八月一日、毛は清華付属中の紅衛兵に手紙を書く。

「君たちの六月二四日と七月四日の二枚の壁新聞では、すべての労働者・農民・革命的知識人・革命党派を搾取し抑圧する地主階級・ブルジョア・帝国主義・修正主義・彼らの走狗への怒りと糾弾を表明し、反動派に対する謀反には道理があること（「造反有理」）を表明した。私は君たちを熱烈に支持する」〔文稿12、86〕

はたして紅衛兵の誕生に毛沢東はどこまで手を貸していたのか。事前の具体的な扇動や教唆はあったのだろうか。清華付属中学在学当時、「紅衛兵」と命名した当の本人である作家の張承志は、『紅衛兵の時代』（岩波新書、一九九二年）のなかでこのときのいきさつを書いている。それを読むと、とくにそのような事前工作を受けたという事実はなかったようだ。

一九六五年一一月の姚文元論文から七ヵ月、革命の舞台は文藝・学術界から教育界・メディア・政治へと広がった。文化革命は文化大革命へと拡大したのである。北京を離れ杭州にいた毛沢東は政治局常任委員会拡大会議を開き、革命を大いにやれと扇動した。「文化大革命は思い切ってやれ、乱を恐れるな、存分に大衆を決起させよ、大いにやれ、そうしてすべて牛鬼蛇神を引きずり出すのだ。工作組を仕立てなくても、右派はかく乱してくるかもしれないが、恐れることはない。北大の一枚の壁新聞が文化革命の火をつけた。この革命の嵐は誰も抑えられない。この運動の特徴は狂猛なばかりの激しさだ、左派が特に元気が良い、右派もまた頑強に抵抗し破壊するが、優位に立つことはない。攻撃の範囲は広がるが恐れるな、（敵を）分けながら排除していくのだ。運動のなかで左派が指導の核心に立ち、主導権を握っていけ」〔年譜5、593／1966.6.10〕

毛沢東は文革のさなか、「天下大乱すれば、天下大治となる」〔年譜5、597／1966.7.8〕というように、しばしばこの「乱」という言葉を好んで使った。また、「一分二為（一を分けて二とする）」「不破不立」「造反有理」などといった用語も同じ発想である。

この「乱・治」「破・立」「反・理」といった二律背反論の根底には、「実践論」と並んで毛沢東のもう一つの主要論文である「矛盾論」の闘争哲学があった。すべてのものは生成変化している。変化のなかで、二つの対立する要素が顕在化する。その矛盾が相克するなかで、闘争によって敵の本性がさらけ出される。その敵を徹底的に叩く。それまで劣勢だった側が優勢だった側を打倒し、逆転させて起死回生の勝利をもたらす。その結果、統一が生まれ、世界の共産主義社会が実現する。これが「矛盾統一法則」である。中国革命、抗日戦争、国共内戦など、この矛盾論に基づいて勝利を獲得してきた〔近藤 107-13〕。

「燎原を焼き尽くす炎」

毛沢東は老骨に鞭うち、闘志を奮い立たせることで、主観能動性を発揮して、人民内部の矛盾を階級闘争によって処理しようとした。それが、文化大革命の実践であった。

さらに文革においては、林彪という脇役が、主役を表舞台に立たせる役割を買って出た。毛沢東は林彪によって「迫られて梁山に上った」のである。毛沢東は七月八日、妻の江青にあてた手紙でこう言っている。

「天下大いに乱れて天下は大いに治まる。七、八年が過ぎて〔大乱が〕また来た。牛鬼蛇神がみずから飛び出してくる。彼らの階級的本性によって、飛び出してくるものだ。私の友人の講話（一九六六年五月一八日の中共中央政治局拡大会議で毛沢東を大いに讃えた林彪の講話）は、中央は私を促し発言に同意したもので、彼は専ら政変のことを語った。この問題について、彼のような話はこれまでなかった。彼の提起は私を不安にさせた。そもそも私は得心がいかない。私のあのような小さな本〔『毛主席語録』を指す〕にあんな大きな神通力があるとは。彼が持ち上げたら、全党全国が持ち上げ始めたのは、自作自演、自画自賛だ。私は彼らに迫られて梁山に上ったので、彼らに同意しないわけにいかなかった。重大な問題について心ならずも他人に同意したのは私の一生でもこれが初めてのことだ」

〔年譜5、597／1966.7.8〕

毛沢東は煩悶と焦慮のなかで、革命という祭壇にみずから這い上がったようにも見える。いっぽうで、林彪・陳伯達・康生・四人組などによって担がれて上がったようにも見える。

だが火を放ったのは間違いなく毛沢東その人だった。

毛沢東の革命の閃光は、燎原《りょうげん》の炎のように一瞬にして燃え盛り全土に燃え広がった。文革が近代以降の孫文の辛亥革命や、蔣介石の国民革命や、国共内戦期の中国革命と大きく違うことは、広がるそのスピードの速さだ。瞬発性と拡散性に秀でたアート（芸術的手法）としてのマオ革命である。その衝撃力には、二つの源泉があった。一つは地方から中央を攻めることで硬直した旧体制を破壊する。もう一つは大衆の力を動員することで既得権益層を破壊する。特に利用価値が高い大衆は、党外勢力であり、若くて既成観念にとらわれていない学生であった。当時、文化的・国際的に孤立した閉鎖空間の中に、ビートルズすら知らないような若者を押し込めて内圧のマグマを高めておいて、鬱屈した魂に革命精神を触れさせて、革命の主人公としての役回りを演じさせるというやり方である。毛は北京の司令部を攻撃する戦術として、地方から弓を射た。また既得権益や官僚主義に縛られた党幹部や政府の役人を使わず、毛を崇拝する大衆を自発的に決起させた。とりわけ頼りにしたのが非党員であり、血気盛んなあまり旧世代の大人への反抗や、既成観念の打破に走りやすい若者であった。

中華人民共和国が建国されてからのち、中国にはさまざまな党主導のキャンペーンが展開され、思想改造運動がなされてきた。ただそれらはいずれも党内の前衛分子を対象とする上からの大衆運動という前提があった。文革がそれまでの整風運動と違って画期的だったのは、普通のグラスルーツの人たちが主人公になれる（ような気にさせる）下からの大衆運動だということだった。

七月一八日、毛沢東は遊泳した武漢を離れて八カ月ぶりに北京に戻った。一カ月後の八月一八日、軍服に身を包んだ毛沢東は天安門に上り、全国各地から参集した百万の革命大衆を前にした。楼上の毛は、北京師範大学女子付属中学の紅衛兵に紅衛兵の腕章を通されたとき、「私は断固として君たちを支持する」と言い、紅衛兵たちの人の海に分け入り、握手をした。

大衆運動のエネルギーを実感したことだろう。

紅衛兵たちは全国から北京に蝟集《いしゅう》した。学校の授業は休みになり、全国各地から交通費や宿泊費は無料で天安門広場に向けて行進する、「大経験交流（「大串聯」）」が行われた。天安門広場は、連日若者による狂瀾怒濤の人間の潮がうごめいた。

九月一五日に毛沢東が天安門で接見した全国各地から集まった百万の紅衛兵のなかには、一九六四年に亡くなった河南省の書記・焦裕禄の娘が含まれていた。焦裕禄は地元の荒れた農地を開墾し自然災害を克服して、困苦奮闘の末、病死した。彼は文革時期に革命英雄に祭り上げられた。その背景には、毛沢東がよく言う「一窮二白」、即ち貧困と文化的空白という素地に一気に革命精神を注入する大衆路線の闘争戦術があった。貧しく、弱く、愚鈍という逆境こそが、統一戦線を組むことによって現状を打破し逆転させて勝利を摑む有利な条件となるという、まさに「実践論」「矛盾論」の闘争哲学を踏まえた発想である。

以後、一一月二六日まで、毛沢東は計八回一〇〇〇万人以上もの全国からの紅衛兵を謁見した。

第5章　革命連鎖

——西側に飛び火した文革

中国で起こった文革の衝撃は
国境を越え、国情の壁を超えて
それまでの世界像を不可逆的に変えた
その波紋は日本にもおよんだ

世界革命としての文革

毛沢東が発動した文革は、燎原の火のごとく、瞬時にして中国全土に燃え広がった。その衝撃力は中国一国内部にとどまらなかった。中国国内は国外との関係が途絶された鎖国状態にあったが、文革の影響は中国を越えて一挙に海外へとその波紋を広げていったのである。この意味で、文革には世界革命としての側面がある。実際に毛沢東は「中国革命は世界革命の一部だ」と言っていた。

文革は自然災害のように非人工的な力で広がっただけではない。林彪が陣頭指揮を取る形で、毛沢東思想の対外宣伝を大がかりに行うことで、人為的に革命の海外輸出がなされたことも事実だった。林彪は一九六八年一〇月の一二中全会で講演した。

「いま高い志を持ち、世界革命を進め、促し、助け、影響を与える最大最深の国家は中国だ。世界の命運に影響を与え、世界歴史の歩みを促しているのは中国だ。スペイン・イギリス・アメリカを超えて中国は最も強大で最も革命的な国家だ。われわれは毛沢東の路線を堅持し、高く毛沢東思想の偉大な赤旗を掲げ、毛主席の思想を堅持してすべてを指導し、革命精神を堅持しなければならない」

一九六六年一〇月、中共中央は各国の在外中国大使館は毛沢東思想と文革を鼓吹することが主な任務だとする決定を行い、各国の中国大使館が革命外交の拠点となった〔沈(下)176〕。中国以外の世界各地で、中国共産党の指令に呼応するかのように、毛沢東思想の普及、毛沢東の神格化、武装蜂起型世界革命、文革の影響が濃厚な学生運動や反体制運動や新左翼運動などが、同時多発的に展開した。

革命輸出のさいの重要なコンテンツが二つあった。

第一は『毛沢東語録』。これは林彪が毛沢東の著作から抜粋して編集したもので、六四年に解放軍内で発行し、文革後に大々的に出版され、政治闘争の道具として使われた。B7判の小さなポケットサイズで、赤いビニールカバーで覆われていたため、中国では「紅宝書」「小紅書」と呼ばれた。『語録』の普及で毛沢東への個人崇拝と神格化はいっそう進んだ。

たとえば新華社の統計によると、一九六六年一〇月から翌年一一月にかけて、外文出版社は一四八の国家・地区に向けて『毛沢東語録』を二五種言語で四六〇万部発行した〔人日1967.11.25〕。日本でも六七年九月までに一五万部、ドイツでは六万部、ローマで四万部、アメリカで数千部販売した。さらにラテンアメリカのブラジル・チリ・ペルー・アルゼンチン・メキシコ・ウルグアイ・ベネズエラ・コロンビア・ボリビア・ドミニカ・ハイチなどで、スペイン語・ポルトガル語・英語による百種余りのエディションの『語録』が出版された。チリのアジェンデ、ベネズエラのチャベスなどは毛沢東に熱中した。南アジアやマレーシアの民族解放軍は、根拠地や遊撃区で毛沢東の著作を学習する大衆運動を展開し、北カリマンタンの都市や農村では毛沢東学習会が開かれた。アフリカでもエチオピア・マダガスカル・ガーナなどでは、政治指導者が毛沢東学習を呼びかけた〔銭①68〕。

第二は「人民戦争論」。これは林彪が抗日戦争勝利二〇周年を記念して一九六五年に発表した「人民戦争勝利万歳」という長文の論文が典拠となっている。人民戦争は毛沢東が抗日戦争で制定し勝利をおさめた戦略戦術で、具体的には、労農同盟を基礎とした民族統一戦線路線、農民に依拠した農村根拠地の樹立、新しい型の人民軍の建設、人民戦争の戦略戦術の実施、自力更生の方針の堅持、毛沢東の人民戦争理論の国際的意義に対する認識、対アメリカ帝国主義勝利、フルシチョフ修正主義批判、などから構成されている。毛沢東の有名な言葉、「帝国主義とすべての反動派はハリコの虎である」は、この論文を通して一気に世界に流行したといってよい。人民戦争論は植民地・半植民地状態に置かれたアジア・アフリカ・ラテンアメリカが世界の農村となって、帝国主義者である西側の都市を包囲する、民族解放運動の革命モデルとされた。

人民戦争論は世界各地の遊撃隊や人民軍や左翼セクトに普及し、実際の軍隊や遊撃隊としては、とりわけアジア・アフリカ・ラテンアメリカの第三勢力においてその影響が強かった。具体的に列挙すると、シンガポール華僑青年の「社会主義陣線」、マレーシアのマラヤ共産党、フィリピンの「新人民軍」、インド農村のナクサライト運動、ネパールのマオイスト、スリランカの「スリランカ人民陣線」、カンボジアの「クメールルージュ」、ペルーの「センデロ・ルミノソ（輝ける道）」などである〔程59-79〕。

コロンビアでは人民解放軍のなかに中国の紅色娘子軍を模した部隊ができ、ボリビアの毛派遊撃隊はゲバラ・カストロ路線を批判して毛沢東路線を掲げた。センデロ・ルミノソは「小毛沢東」「アンデスの紅太陽」と呼ばれた。文革と毛沢東思想はまさに直輸入されて、そのあるものは今でも影響が残っている〔銭①66〕。

革命の波紋を広げたのは、第三勢力の諸国や発展途上国の共産党だけではない。フランスの一九六八年の「五月革命」やアメリカなど、西側諸国にも強い影響を与えた。だが第三勢力での運動とは違って、本国の文革とは似て非なる革命運動へと変身を遂げ、新しい社会運動・現代思想・生活スタイルが生まれていった。海外の左翼運動にとっては、文革あるいは毛沢東思想は、既成左翼によるソ連型の平和共存あるいは議会主義に代わって、武装闘争を志向する新左翼実力運動が盛り上がる契機となった。

現実の文革を見るときに、中国国内で瞬時に拡散した造反運動だけでなく、この革命連鎖、あるいは文革の世界性という実態もまた、見過ごしてはならない重要な要素である。

西側諸国のなかでも、とりわけ文革の濃厚な影響を蒙ったのが、ほかならぬ日本だった。

文革の日本上陸

日本がとりわけ文革の影響を濃厚に蒙ったと言っても、なかなかピンと来ないかもしれない。

一九六六年は早大・明大・中央大などで、学生への管理強化や学費値上げに反対する集会やストなど、学生運動が盛り上がった。六八年から六九年にかけて、全国各地の大学で全共闘運動が繰りひろげられて、バリケード封鎖や入試中止などが行われた。東大では六九年一月に学生が安田講堂に立てこもり、機動隊との攻防のすえに、「落城」で幕が引かれた。御茶ノ水駅周辺では投石や籠城などバリケード闘争が展開され、当時、パリの五月革命になぞらえて「カルチェラタン闘争」と呼ばれた。

この六六年から六九年にかけての、荒れる学園、学生の反乱といった現象は、当時のアメリカの大学でのベトナム反戦運動や、フランスの学生たちによる一九六八年五月革命からの影響、あるいは同時多発的な発生だということはよく指摘されてきた。それに対し、西の隣国である中国の文化大革命からの影響、あるいは文革との同期性ということは、それらに比べてあまり強調されてはこなかった。だが文革の発生・推移と、日本での文革報道あるいは学生運動や社会運動の推移とを横に並べてみると、明らかに見過ごすことのできない、直接的で深い影響を受けていることが確認できる。

では文革の衝撃は、どのような形で、何を通して、隣国の日本に波紋を広げ、日本社会をどのように変えていったのか。具体的かつ時系列的に追ってみることとしよう。

文化大革命の発生を、同時代の動きに立ち戻って再検証してみると、一九五六年二月の中ソ対立、五八年八月の第二次台湾海峡危機、五九年九月の中印国境紛争、六四年一〇月の中国核実験、六五年二月の米軍のベトナムに対する北爆を契機としてのベトナム戦争激化、同年六月に予定されていた第二回アジア・アフリカ会議の流会、などを経て、中国は頼みの綱としていた中間地帯諸国の離脱・離反や、米国帝国主義とソ連修正主義が二正面の敵として眼前に迫ってきていた。そのことは、これまで第1章で述べておいたとおりである。

この中国の国際的孤立と、米ソとの全面的対決への危機という、中国を取り巻く国際環境の悪化が、文革発生直前の国際情勢であった。中国は核兵器を保有しており、核使用を伴う第三次世界大戦は不可避との姿勢を崩さなかった。アメリカとは同盟関係にある日本には、この世界戦争に巻き込まれてしまうのか、中国封じ込めを意図した米軍の北爆を支持してよいのか、周辺諸国との平和共存のために中国敵視政策を続けていてよいのか、という難問が立ちはだかっていた。このとき日本は、中国の孤立をどう食い止めるかという問い、より直截的には米中対決をいかに回避するかという、国家としての選択を迫られていた。その問いは、戦後日本の敗戦からの出発に際して、アメリカによる占領、アメリカの援助を受けての復興、アメリカを中心とする西側諸国との講和による国際復帰という、アメリカ主導でやってきた戦後日本は本当に自立した国家と言えるのか、このままでよいのかという問いかけでもあったのである。

文革発生の要因としては、中国本国の言説においても、また日本をはじめ海外各国の研究潮流においても、広義には社会主義国家建設の矛盾と混乱として、狭義には共産党指導部の路線対立と権力闘争として、起点から結末まで中国国内史として完結させる叙述が、文革当時から今日にいたるまで、圧倒的である。しかしながら、同時代の論調においては、主要因は中国を取り巻く国際環境の悪化という外因論が優勢であったことを、ここに改めて確認しておこう〔馬場①236-41〕。

現代の文革研究においても、文革発生の要因は中国の内政が決定的だったという見方が圧倒的である。文革とベトナム戦争のエスカレーションとの関連性を研究した朱建栄『毛沢東のベトナム戦争』においてさえも、六五年当時のベトナム戦争をめぐる米中緊張は文革を促進するうえでの一定の影響関係があるとはしているものの、毛沢東は国内の政治・

権力闘争を最優先にし、内政が外交に優先されるという原則を崩してはいないとしている。名誉ある国際的孤立のなかで、毛沢東は外には「世界革命」を謳いあげて理想主義外交を堅持してはいたものの、文革を発動する要因は、国内の権力闘争にあったというのである〔朱 563-5〕。

一九六五年一一月の姚文元「『海瑞罷官』を評す」論文が発表され、学術・文藝界に新たな整風運動が吹いた。

この運動は日本では当初、現代中国研究者たちによって、学術・文藝界の文化革命として論議された。ところが、その潮目が変わったのは、六六年四月、全人代常務委員会での郭沫若の「私がこれまで書いてきたものには何の価値もない。すべて焼き捨てよ」との自己批判のニュースだった。郭沫若は戦前に長い日本留学の経験を持ち、日本の知人は多く、日本からの文化界の訪中団が会見する最高地位の人物で、文化・学術界の総帥であった。郭の自己批判は、文化革命が政治面に及んでいること、権力闘争が進行していること、中国の伝統文化が全面否定されつつあることを示唆する、異様なシグナルであった。

五月には北京で壁新聞が貼りだされ、紅衛兵組織が結成され、八月に天安門広場に百万の紅衛兵が登場し、毛沢東が閲兵するストリート・シアターが演出され、紅衛兵が「四旧（旧思想・旧文化・旧風俗・旧習慣）打破」を叫んで街頭に繰り出した。文革はその全面真紅の映像とともに、またたく間にその衝撃が北京の熱気とともに日本に広がった。

それまで論壇や学術界の知識人・学者のみで論議されていた中国関連の言論が、大衆的な学生運動・社会運動へとその影響圏を広げた。紅衛兵運動と踵を接するように、学園紛争において反日共（民青）を掲げる新左翼運動が盛り上がり、東京大学や京都大学など主な大学には正門に「造反有理」「帝大解体」の標語が貼りだされた。

日共系組織の分裂

日本における文革伝播《でんぱ》が速かったのは、毛沢東が文革を発動する直接の契機となったのが、第4章で述べた一九六六年三月末の中国共産党と日本共産党との決裂にあることに起因している。決裂が報じられるや、日本における日共系の中国関連の組織・団体に相次いで亀裂が走り、激しい対立を引き起こした。

党内部では同年八月に山口県を拠点に、一部党員が地元の労組などを支持基盤にして、「日本共産党山口県委員会左派」を立ち上げた。日共の宮本指導部の修正主義路線と反中国路線への批判を、地元の『長周新聞』（長周は長門と周防からなる地名で、山口県下で発行している地方紙）や機関誌『人民の友』『革命戦士』などで展開し、あわせて日中民間交流や日中友好運動を推進していった。そして六九年、全国組織として日本共産党左派を結党した。彼らは「反党分派活動」により党から除名された。また日共を除名された中国派の西沢隆二（ぬやま・ひろし）、林克也、大塚有章などは、毛沢東思想研究会を発足させた。

　日中友好協会は六六年一〇月の常任理事会で、本部首脳部が脱会するという異常事態で分裂した。脱会した親中国派は「日中友好協会正統本部」を名乗った。アジア・アフリカ研究所は、一二月に反日共系所員が退所した。同じく一二月、社団法人中国研究所では理事会で理事長の辞任を決め、翌年二月の総会で所員九名の除名を決定した。

　日中友好協会の分裂に絡んで、在日華僑青年は直接行動に出た。六七年二月、東京の善隣学生会館にあった日中友好協会本部で、会館に住む華僑学生と協会事務員との間で小競り合いから乱闘となり、機動隊が出動する事態となった。襲撃自体はやがて収まったが、会館をめぐる両派の攻防は三年間も続いた。

　この善隣会館事件は、在日華僑史の公式の歴史からは抹消されているが、当時の華僑新聞『華僑報』（東京華僑総会発行）には、「愛国華僑中央抗議大会を開く――日共暴力団を断じて絶対許さず」（一九六七年四月五日）、「団結こそ勝利の保証――中国敵視、華僑弾圧、中日友好破壊のファッショ的悪法、『出入国管理法案』『外国人学校法案』を断固粉砕しよう」（一九六九年七月一日）などの記事をはじめ、文革さながらの記事が、流血の生々しい写真とともに掲載されている。

一九六七年に入ると、北京でも公然と日本共産党を非難する壁新聞が貼られるようになった。四月に中国は日本共産党を「日中両国人民の共通の敵」と名指しし、六月には『人民日報』で日本共産党指導部の打倒が呼びかけられた。八月三日、紅衛兵の迫害を逃れようと北京空港に向かった砂間幹部会員候補と紺野『赤旗』特派員は、空港内に待機していた日本人を含む紅衛兵たちに捕らえられ一晩中暴行を受けた。二人は半死半生の状態で北朝鮮の民間航空機に乗り込んだ。北朝鮮のキャビンアテンダントは濡れタオルで患部を冷やし、平壌では朝鮮医師団が手厚い看護をした〔小島 239-58〕。

善隣会館事件や日共党員への集団暴行事件の陰惨なシーンによって、紅衛兵運動は反日共とつながった。日本共産党は反日共中国派を「反党盲従分子」「毛沢東盲従主義集団」「中国盲従の事大主義分子」「毛一派」と名指しし、中国共産党は日共党員を「宮本修正主義集団」「日本共産党修正主義分子」と名指しし、双方で非難の応酬のボルテージを上げていった。

『年譜』を見る限り、毛沢東が直接接見した海外の賓客・要人のなかで、宮本日共書記長のように、毛沢東の面前で毛が手ずから修正したコミュニケ案にノーを突きつけるということは、前代未聞のことであった。毛の取り巻きからすれば、宮本らのふるまいは横暴で無遠慮な仕業に映ったことだろう。そのとき毛自身がコミュニケを公表しない方が双方気楽でいいじゃないかと、涼しげな態度をとったのは、もはや宮本らは眼中になく、北京にいる実権を握っている司令部に狙いを定めていたからであろう。とはいえ、その時の毛の氷のような無表情に、趙安博ら当時の側近は、ただならぬ殺気を感じ取ったことだろう。その殺気が具体的な指令となって北京の血気盛んな紅衛兵集団に伝わって、日共党員に対するあのような乱暴狼藉へと転じたのであろう。

新左翼運動を刺激

中国からの宣伝工作の効果も考慮に入れる必要がある。それまで中国は外文出版社発行の日本語雑誌三誌（『人民中国』『北京周報』『中国画報』）や『毛選（毛沢東選集）』などの出版物、あるいは北京放送を通して行った国際放送など、対日世論工作の継続として、盛んに文革を礼賛する宣伝をした。直接購読者・聴取者や、各地の日中友好協会の普及活動を通して、安保阻止運動や米軍基地反対闘争などの社会運動に影響力を持った。毛沢東の著作としては『毛沢東選集』のなかでも「ベチューンを記念する」「人民に奉仕する」「愚公、山を移す」の「老三篇」がよく読まれた。

文革発動当時の日本社会に伝わった文革は、怒れる若者を中心とした下からの大衆闘争であり、六七年以降は、日共と中共との決裂を契機に暴力闘争の様相を呈していた。そして学園紛争の嵐が高潮を迎え嵐が過ぎ去っていったあとの六八年後半以降は、文革の中国は、新左翼にとってのアジア革命あるいは世界革命の一つの震源地となっていった。毛沢東もまた、日本を世界革命の拠点の一つとして、日本革命の発動を日本の人民に呼びかけていたのである。毛沢東が手を入れた六八年九月一八日の『人民日報』社説「世界革命人民勝利の針路」を見てみよう。

「日共の宮本修正主義反徒集団は日本の『国内外の条件』が違うということを口実にして、『独立自主』などと標榜しているが、実はでたらめである。彼らは口ではマルクス・レーニン主義を掲げてはいるが、彼らが一生懸命攻撃し反対しているのは、まさにマルクス・レーニン主義の根本のものなのだ。彼らは必死にマルクス・レーニン主義を歪曲し骨抜きにして、暴力革命に反対し、武装奪権闘争に反対し、いわゆる『平和革命』を鼓吹し、いわゆる『議会方式』を推進しているが、じっさいは革命をするな、革命に背け、革命に反対せよということとなのだ。彼らは正真正銘のマルクス・レーニン主義の恥ずべき叛徒であり、日本革命事業の恥ずべき叛徒だ。

今日、日本人民の革命闘争はいやまさに盛り上がっている。日本人民の革命の目覚めは絶えず向上し、本当のマルクス・レーニン主義の左派の隊列は日々強大になっている。日本のプロレタリア革命派と広範な革命人民は宮本修正主義集団に大いに造反し、本当のマルクス・レーニン主義を、アメリカ帝国主義に反対し、日本の独占ブルジョア階級に反対し、現代修正主義に反対する彼らの強大な武器としている。日本革命の形勢はますます良くなっている。日本プロレタリア階級革命派は、みずからに課せられた光栄で厳粛な任務は、いっそう真剣に本当のマルクス・レーニン主義を日本人民革命闘争の実践に具体的に運用して、日本の具体的な状況を踏まえて、日本革命の一連の戦略・策略問題を解決して、日本革命を絶えず前進させていくことにあることを認識した。日本革命が勝利を勝ち取る過程は、必ずマルクス・レーニン主義と日本革命の具体的実践をいっそう緊密に結びつける過程である。

われわれはマルクス・レーニン主義で武装した日本の本当の革命党が、必ずや革命闘争の烈火のなかに誕生することを確信する。それは日本のプロレタリア階級と広範な人民を導き、長期にわたる曲折の闘争を経て、すべての艱難辛苦に打ち勝ち、革命の最後の勝利を獲得することだろう」〔文稿 12、278-9〕

毛沢東は日本共産党を修正主義の反動派として強く批判し、日本革命党の結成と日本革命の成就を呼びかけている。その立ち位置は、共闘というよりはむしろ指導に近い。事実、『文稿』によると、この社説は毛沢東の手が入る前は、「マルクス・レーニン主義」のあとに「毛沢東思想」が併記されていて、マオイズムは各国の革命の針路と表現されていたのを、毛沢東が削除していたのであった。日本にとっての文革は世界革命の先例あるいは範例、毛沢東思想は世界革命の理論として受けとめられてきたのである。日本に向けられた世界革命の呼号に呼応するのか、拒否するのか、反対するのか、冷淡に無視するのか、独自の解釈をするのか。さまざまな反応によって、日本における文革は甲論乙駁の混乱の様相を呈した。

共感派の礼賛

文革が中国から日本に飛び火して、日本はどのような事態になったのだろうか。すでに拙著『戦後日本人の中国像』で二章分を割いて詳述したことではあるが、その後に得られた知見も含めて、その要点をまとめておこう。

日本においては、資本主義と社会主義という政治体制を異にする中国とは、ずっと断交状態がつづいていた。だが、政治においては社会党・共産党を中心に、民間においては知識人を中心に、中国への侵略戦争の責任を自覚し、中国との講和及び国交回復を主張するという声は強かった。その主張は、既存の日米同盟体制に対する批判や、当時のベトナム戦争反対の声とも重なっていた。総じていえば、中国とは正式な外交関係はなかったが、民間社会では中国に対する関心は高く、社会主義に対する警戒感や嫌悪感はあったものの、どちらかと言えば親中的な世論が優勢を占めていた。

文革は日本ではベトナム反戦運動の高まりと、日本共産党が親中と反中の二派に分裂していくさなかに起こった。毛沢東が紅衛兵を閲兵する天安門広場の真紅の革命劇が視界に飛び込んでくると、それまでは一般の日本人にはエドガー・スノーの『中国の赤い星』以外にあまりなじみのなかった毛沢東が、一気に神壇に上りつめた。

新聞は連日文革を詳細に報道した。というのは、一九六四年九月に日中間で結ばれていた日中記者交換協定により、大手新聞各紙や各放送局など日本の主要メディア機関九社は特派員記者九名を北京に派遣していたからである。そこでは取材や記事内容の制限があったため、おおむね文革支持の論調が強かった。規制を逸脱した取材をしたり、中国側に不都合な報道をしたりした記者は、国外追放や記者資格の停止などの処分がなされた。

雑誌もまた左右両派ともこぞって文革を特集にして取り上げた。月刊誌では「中国を理解するために」（『自由』三月号）、「中国の脅威とは何か」（『現代の眼』八月号）、「激動する中国をどう理解するか」（『中央公論』一一月号）、「中国の文化大革命と日中問題」（『世界』一一月号）、「沸き立つ七億」（『現代の眼』一一月号）、「紅衛兵の嵐――整風と革命青少年」（『潮』一二月号）、週刊誌では「激動する中国」（『週刊朝日』一〇月一五日臨増）、「大宅《おおや》考察組の中共報告」（『サンデー毎日』一〇月二〇日臨増）、「アラシのなかの中国」（『週刊読売』

一九六七年二月九日臨増）などである。

これらの主に雑誌メディアでの文革関連記事を委細に調べてみると、文革伝来後の日本社会の反応には主に三つのタイプがあった。以下にそれぞれのタイプについて、具体的な記事に即して、その特徴を抽出してみよう。

第一のタイプとして、文革への礼賛を表明するもの。そこには文革を礼賛し、支持し、賭ける（投企する）といった姿勢がにじみ出ており、ユーフォリア（陶酔感）を伴うものさえある。

まず文革の現場を最初に目睹《もくと》したリポートとして、一九六四年からずっと北京に滞在していた現代中国研究者の安藤彦太郎がいた。安藤はたまたま文革の発生を北京の街頭で自ら観察していた。

「〔六月〕四日の夜、柵にぶらさがってみていた、まだ二四歳のわかき商社員K君は、私の姿をみると、『ぼくは何度もここへみにきているのだけれど、歴史のコマが動いているのをみている気がしますねえ。これが革命というものだなあ』と語った。もっとも、北京の日本人のすべてが、こんなふうに感じているわけではない。『中国もいよいよ気がおかしくなってきたようだ』などという感想をもらすジャーナリズム関係者もいないではない。しかし私は、若き商社員K君の感受性に組する。『牛鬼蛇神』を追った『文化大革命』というのは、まぎれもなく『革命』のひとつなのだ。これが『革命というもの』である。ともかく、私は、ふとかつての安保闘争をおもいだした」（安藤彦太郎『中国通信 1964-1966』大安、一九六六年）

安藤は文革の現場に立ちあって、それ以前に日本で一九六〇年五月一九日の安保改定を阻止するための国会周辺デモが行われた、六〇年安保闘争を想起している。

劇作家の斎藤龍鳳はのちに毛沢東思想の影響を受け、新左翼のなかでも毛沢東思想の影響の強いＭＬ派に入っていく。

「青少年に乱暴狼ぜきの限りをつくさせ、なお、平然としている国を、私はうらやましいと思う。

そしてその八百長を立派に演出する毛沢東を二〇世紀きっての大政治家と見る。

文化革命に続く、紅衛兵運動を中国指導層内部の矛盾と手放しで喜ぶのは〝行き過ぎ〟ではなくオッチョコチョイである。あれは国力を世界中にみせびらかしたのだ」（斎藤龍鳳「走れ紅衛兵」『現代の眼』一九六六年一一月号）

ここでは紅衛兵の劇場効果への心酔が率直に語られている。彼は最後に薬物中毒になってガス中毒で死ぬ、無頼派で破滅的な芸術家タイプだった。

京大文学部助教授で、当時の人気作家、高橋和巳は、『朝日ジャーナル』の特派員として現地ルポをしている。

「中国共産党の最高の指導者毛沢東が、齢若い中学生や高校生、下積みの労働者、貧下層中農に呼びかけて、実質上、党組織のぶっつぶしを要請しているわけである。これは、奇妙なまでに悲劇的な事態である。私は此の事を知った時、のちにも触れるつもりの、さまざまな苛立たしい印象、朝めざめてから夜寝るまでのけたたましい宣伝活動、道路といわず橋の欄干といわず、商店の飾り窓といわず、およそ字のかけるところすべてに貼られた壁新聞、そして何処をついても同じ答えのかえってくる紋切型の返答、文化一般の空白と文化遺産に対する無関心等にもかかわらず、今回の文化大革命を支持する気持ちになった」（高橋和巳「新しき長城」『朝日ジャーナル』一九六七年五月二一日号）

高橋は文革に強い疑念を抱きながらも、大衆蜂起が人類の可能性を切り開く試みになるとして支持を表明するという、投企の姿勢を示す。

一九六五年にべ平連（「ベトナムに平和を！」市民連合）を結成した小田実は、文革に触発されて、「原理としての民主主義の復権」を書いた。

「最初、毛沢東は『権力奪取』をとなえた。これは二つの意味で、私には興味ぶかかった。一つは、すでにその中国という膨大なプロレタリア民主主義の体制のなかには、毛沢東でさえが自由にならない強力な『国家民主主義』がかたちづくられていた事実だった。私はこれはまちがえのない事実だと思うし、そのかぎりでは、『権力奪取』をもくろんだ毛沢東は正しかったと思う。もちろん、その『権力奪取』の主体が毛沢東でなく民衆、あるいは、『人民の』民主主義であるかぎりにおいてだが。

おそらく、それほど『国家民主主義』の力は強かったのだろう。毛沢東のとった手段自体がそれをよく示している。彼は新聞が『国家民主主義』の機関と化している以上、壁新聞という直接民主主義的な奇妙な手段を使わなければならなかった（原文にあった（　）内は略）。同じく、紅衛兵という、既成の党組織の外に生きていた高校生、中学生を動員しなければならなかった（同前）。つまり、このことは、内部からゆり動かしつくりかえて行くのには毛沢東でさえできかねるほど、『国家民主主義』が強力なものになって来ていたという事実を示しているのだろう。毛沢東は『国家民主主義』の外のより直接民主主義的な力をゆり動かし、つくりかえの手段として使った。このかぎりでは、毛沢東のやったことは、奇妙に、『ニュー・レフト』的に見える」（『展望』一九六七年八月号）

彼は「国家民主主義」と「人民民主主義」を対置させて、既存の「国家民主主義」を打ち倒して直接民主主義の「人民民主主義」を打ち立てようとしていたのが毛沢東の文革だとしている。ここには小田が抱く希望としての民主主義論が投影されている。

とはいいながら、「しかし、結局のところ、それは、既存の『国家民主主義』に対して、新しい〔毛沢東の〕『国家民主主義』を形成するための手段にしかすぎないのだろう」と言っている。その後の展開についても小田の見立ては肯綮《こうけい》に当たっている。

同時代の日本人の視界に飛び込んだ文革は、なんとも奇妙で錯雑として目まぐるしく変容する、名状しがたい事態だった。革命が成就して社会主義の新国家が建設された中国で、なぜ再び革命がおこったのか。これは大衆蜂起による人民革命なのか、権力の争奪をめぐる政治闘争なのか。ロシア革命と違って中国革命は農村を根拠地とした農民主体の革命として理解されてきたが、明らかに学生が主役の都市型革命に見えることも困惑の一因だった。それまでの中国情報が中共中央の上意下達型の通達や宣伝で占められていたのに、紅衛兵や工場労働者など、庶民の生の弁論が壁新聞（「大字報」）やミニコミ誌（「小報」）に溢れていることも前代未聞の出来事だった。

日本における文革礼賛派の多くは、文革によって突如、北京に現出した、人民の祝祭空間に目を奪われ、そこにユートピアとしての、都市型コミューンが現実となって生まれたのだと思った、あるいは錯覚した、あるいは思い込もうとしたのだった。そのコミューンのイメージは、毛沢東が一九五八年に提唱し、実験し、六一年にその失敗を認めた農村各地に建設された人民公社（「公社」はコミューンの中国訳）の都市型版だとの理解から来ていた。さらに文革を肯定的に捉えよう、あるいは心情的に共感しようとする彼らの認識方式の基底には、毛沢東の革命と建国の功績に対するある種の畏敬と、遡って抗日戦争勝利に対する侵略国としての罪責感があった。

権力闘争論からの批判

第二のタイプとして、文革批判を鮮明にするもの。第一の文革ユーフォリアとは真逆の反応として、真相は端から分かっていたという日本の論者も少なからずいた。

例えば評論家の大宅壮一は、三鬼陽之助・藤原弘達・大森実といった論客・ジャーナリストたちを誘って、大宅考察組を組織して、自費で文革直後の現場を広州から北京まで、一七日間にわたって取材し、労働者や紅衛兵たちと語り合った。

「こんどの〝文化大革命〟は、世界史上に類のない異様な〝革命〟である。革命というのは、政治、経済、社会組織の基本的性格に大きな変革をもたらすものであるが、この〝文化大革命〟によって、中共の進んできた路線にそれほど大きな変化がおこるとは思えない。その点からいって、これは革命というよりはむしろクーデターに近いという見方もある。クーデターは、暴力すなわち非合法的な手段に拠る権力の移動であるが、これは権力をもたないものがもっているものにむかってなされるのが普通である。ところが、この場合は、権力が上から下にむかって発動されている。そのために『紅衛兵』という新しい組織がつくられて動員されたのであるが、これをあやつっているのは、明らかに上層の権力者である。この点からいうと、これはクーデターではなくて粛清である」（大宅壮一「あざやかな三原色の国」『サンデー毎日』一九六六年一〇月一六日号）

「革命というのはぶっこわすという表現もあるんだけど、それとは多少違うんですな。まあ強いものが弱いものをじりじりと、シラミでもつぶすようにして、そのために下のほうの階級闘争エネルギーというものを、紅衛兵というジャリといってもいいようななんにもわからない、精神的なバージン、肉体的にだけはものすごいボルテージを持っている、こういうものに訴えてきている戦略はある意味では修学旅行という巨大なゲリラのチャンスを与えて半年間サービスしといて、青年をせっせと、おだてている。けれども、この次に青年に課せられるものは、非常に過酷な国家への義務の要求といったものではないか。つまりただほど高いもんはないというような気がする」（「大宅考察組の中共報告」『サンデー毎日』一〇月二〇日臨増より、藤原弘達の発言）

すでに文革勃発直後の六六年一〇月時点でこう言っている。事態の真相を瞬時にして完膚なきまでに言い当てた、鋭敏な観察眼であった。

当時東京外国語大学の助教授だった中嶋嶺雄もまた、単身で中国に渡り、二カ月間にわたり中国各地を調査旅行する。そして一一月一二日、人民大会堂のレセプションでの毛沢東・劉少奇・鄧小平等々の顔色を見て、これは明らかに党権力をめぐるヘゲモニー闘争がいま行われているとルポしている（中嶋嶺雄「毛沢東北京脱出の真相——激動の中国より帰って」『中央公論』一九六七年三月号）。これ以後、中嶋は文革が権力闘争だという考えを堅持していく。

文壇からは六七年二月、文革が芸術・創作活動を封殺する政治運動だとして、川端康成・石川淳・安部公房・三島由紀夫による抗議アピールが出された。

中国語にも中国事情にも精通した文学研究者の竹内実は、「毛沢東に訴う——「牛鬼蛇神」その他」を発表する（『群像』一九六八年八月号）。中国という世界をほとんど完全に毛沢東思想が制覇したことについて、この文革というのは文化の創造的表現に対する抹殺であって、それを発動したのは紛れもなく毛沢東である。だがそれに抵抗しない知識人・文学者・党員の側にも主体的な責任があったと言わなければならないと書いている。これは文革を発動した毛沢東に対する決別宣言でもあった。

また、文革批判論には、反中国親台湾の反共主義の立場からの批判も見られた。そこには日本の資本主義・親米路線という現体制の国益重視と、台湾側からの反共宣伝の影響という二つの要素が絡んでいた。

異種交配型雑種革命

第三のタイプとして、文革を誤読して日本での革命への啓示とするもの。

早稲田大学の新島淳良は、単に日本に文革を紹介しただけでなく、文革的な社会運動を日本でやろうとした、イデオローグのような役割を果たし、「帝大解体」を掲げる大学の全共闘運動に影響を与えた。彼は「コミューン国家論」を唱えた。これは文革をプロレタリアが国家のなかにコミューンをつくり、そのコミューンが国家を壊す試みとしてとらえる、現代的な都市革命のモデルであった。新島にはパリ・コミューン型のプロレタリア独裁が念頭にあった。おりしも新島が「中国はコミューンをめざしている」と発言したとき、「上海一月革命」が起こり、二月五日に「上海コミューン」成立宣言がなされたのであった〔福岡①178〕。

京都大学の山田慶児もまた、農村や工場の新たな共同体原理に基づく国家モデルとして「コミューン国家論」を打ち出した。こちらはどちらかと言えば人民公社モデルからの発想が強く、自力更生の内発的発展論につながるものであった。日本における文革の影響は、この山田の農村社会を基盤とするコミューン論を媒介として、のちになって農本主義や田園回帰型エコロジー論へとつながっていった。

一九六八年以降、中国では紅衛兵のいっせい下放が始まって、都市での若者の狂騒は消えた。日本では紅衛兵の消失と踵を接するように、各地の大学で学生運動が盛んになった。だが六九年一月の東大安田講堂「落城」を境に、学生運動の火は急速に弱まった。ノンセクトの全共闘運動に代わって、新左翼各派による七〇年安保改定阻止の反米闘争が盛んになり、文革論議は新たな展開を見せるようになった。

当時は早稲田大学の学生だった津村喬は、盧溝橋事件と文革を結び付ける。

「国民的統一戦線の形成は、永続的文化革命のゲリラ闘争と相互に媒介しあうことによって、反動政治に真の熱い危機を招来せしめ、アジア人民への重ね重ねの負債をいくらかでも返済する日本人民の闘争の七〇年代最初の七・七にあたって、『中国派』とかナニ派とかがよりあつまるというせまい了見を捨てて、真の国民的課題としての日本のアジアにたいする民族的責任を確認する記念集会がもたれ、それが創意ある自発的活動の新たな出発となることを、私は強く望む」（津村喬「『他者』としてのアジア――日中国交回復のための統一戦線と階級形成」『現代の眼』一九七〇年七月号）

津村はここで、アジア人民の血の負債を返済していくという日本人民の闘争が国民的統一戦線の形成につながっていくことに期待している。この歴史的にも現状においても抑圧されたアジア人民との連帯という発想は、華僑青年闘争委員会（「華青闘」、一九六九年三月に結成）による華僑青年たちの闘争からの刺激と影響を受けている。その契機となったのが、津村がここで言及している一九七〇年七月七日の盧溝橋事件三三周年記念集会である。そこで華青闘から民族的視点の甘さを批判された日本の新左翼は、以後、民族差別問題に積極的に取り組むようになった〔絓 317、福岡 ①341-2〕。

日本の華僑は、がんらい歴史的に政治の世界とは距離を置くことで、中国・台湾の「二つの中国」問題に巻き込まれることなく、日本社会との共存を保ちつつ安定した生活を営んできた。日本で育ち文革の影響を濃厚に受けた華僑二世は、祖父母や親世代の華僑に対する反発から、日本社会に残る民族差別の不公正な法制度や偏見に対する過激な反対闘争を一九六九年から展開した。具体的には在日朝鮮・韓国人および在日中国人にとって日本での政治的活動が制限される出入国管理法案、外国人学校の数を制限する外国人学校法案等に対する反対のための人権闘争であった。当時日本企業は東南アジアを中心に経済進出を強めていたことから、闘争はアジア再侵略反対キャンペーンという様相を呈しつつ、過去の侵略・戦争・植民地支配に対する批判ということが、重要な論点として浮上した。

第4章で述べたように、中国では文革当時、AA人民連帯運動という、民族解放闘争のための国際的連帯という枠組みは維持されていて、人民を主体とした中間地帯論が活きていた。日本における民族差別や入管闘争は、このAAの国際的連帯という視点から展開されていた。さらに対中侵略戦争や、台湾・朝鮮への植民地支配に対する反省が迫られることとなった。

日本は中国と違って共産主義・社会主義体制にはなく、西側に属する。野党の日本共産党は文革直前の一九六六年三月に中共と決裂しており、両者に国際共産主義統一戦線の枠組みは存続されなかった。中国革命のように農村が都市を包囲するような農村社会ではない。日本国内の歴史において全国レベルで広がるような根拠地型の人民武装闘争の伝統は乏しい。

文革が震源地の中国から日本に激震をもたらした後、本国とは様相の異なる運動へと化学反応を起こした。学生運動から労働者へ、全共闘から新左翼諸派へ、学園紛争から個別闘争の陣地戦へと、闘争の形態は変容し、デモ・ストから武装闘争へと、闘争の手段は過激化したものの、規模は縮小化・分散化した。

当初、日本の学生運動は、卑近な授業料値上げ反対闘争から、抽象的な反米・反安保闘争へと、闘争の熱気ばかりが先行して争点が曖昧だった。日本において文化大革命はマオイズムの反帝国主義的階級闘争観を世界革命のための闘争理論として解釈され受容された。文革は全共闘系学生に広範な影響を与えたものの、彼らの運動の熱狂が醒めると、民族意識に目覚めた在日中国人が文革の影響を受けて日本社会で行動を起こした。日本人は在日の朝鮮人・中国人の民族差別の現実に眼を向けることとなった。過去の日本の戦争責任、当時の日本のアジアへの経済的再侵略、民族解放を求めるアジアの人民との連帯、という新たな歴史的視点に目覚め、反差別の人権運動が盛り上がった。民族差別問題への積極的な取り組みは、日米安保反対のための学生運動から民族解放闘争としてのアジア革命への転機をもたらした。

小熊英二はその『１９６８（下）』の第14章「一九七〇年のパラダイム転換」の一つの事象として、在日中国人学生による善隣会館事件や華青闘による入管法闘争に学生活動家や新左翼運動家が加わっていった運動を取り上げている。この運動の背景として、「他人を蹴落として大学生になったことに罪悪感を抱」き、「自分が享受している繁栄の陰には犠牲者がいる」との思考から、「自分たちはベトナム人への加害者であるという意識が浸透し、それがベトナム戦争につながった」として、ベ平連はじめベトナム反戦運動が盛り上がる背景となったとした。さらに「在日コリアンや水俣病患者、被差別部落出身者などが『ベトナム人』に代わって発見されていった」、との総括をしている〔小熊(下) 778-9〕。

文革の越境性という視点に立って、日本の「１９６８」運動を発生地点の中国の側から思考してみると、文革という種が本国から日本という異郷の土壌に飛来して、本国とは違うハイブリッドの果実が稔ったのである。日本の文革は、いわば「異種交配型革命」であった。

パリ五月革命とマオイズム

文化大革命は西側世界に伝来してどのような変身を遂げたのか。日本の事例をやや詳しく観察してきた。

巨視的に文革と同時期の若者の反乱という、いわゆる「1968問題」という観点から西側世界を眺めてみると、日本と並んで大きな社会変動が起こった国は、アメリカ、フランス、ドイツである。ここではフランスとアメリカの事例を取り上げてみたい。

フランスの場合、特筆すべきことは一九六八年五月から六月にかけての「パリ五月革命」である。パリ大学ナンテール校の学生が大学の管理強化に反対して校舎を占拠したのが発端で、警官隊が動員されたことから、市街戦の様相を呈した。そのことは日本の学生運動と似ているが、労働者の工場占拠、労働組合・教員組合・農民組織のゼネストなど労働運動に拡大し、作家・学者・知識人の連帯など、社会の広範な人びとを巻き込んでのフランス全土に広がる変革闘争となり、当時のポンピドー首相の辞任、国民投票によるド・ゴール大統領の退陣にいたる大きな政治的インパクトをもたらした。当時の五月革命が日本を含め世界の社会運動や現代思想に与えた影響は非常に大きい。

世界同時性という観点から五月革命をとらえたとき、既成権力に反抗する若者たちは、アメリカのベトナム反戦運動と共鳴し連帯していた。フランスはかつてベトナムの宗主国であり、第一次インドシナ戦争でベトナムを戦場にベトナムを敵にして戦った。五四年に休戦協定がなされたあと、六四年からアメリカが全面的に軍事介入した（第二次インドシナ戦争）。六八年一月に南ベトナム解放戦線に北ベトナム軍が加わって、南ベトナム全土に大攻勢をかけ（テト攻勢）、米軍と南ベトナム政府軍に大きな打撃を与えた。三月には米軍によるソンミ村虐殺事件が起こった。アメリカではベトナム反戦の大規模なデモが起こり、日本でもベ平連のデモが起こった。中国でもベトナム反戦・ベトナム人民支持の集会が起こった。

さらにフランスはアルジェリアという植民地をアフリカに持っていた。第一次インドシナ戦争でベトナムから撤退したあと、今度は一九五四年からアルジェリア独立戦争に参戦し、六二年にアルジェリアは独立した。フランス国内には多くのベトナムとアルジェリアからの移民が居住している。五月革命の背景には現代フランスの歴史と社会を特徴づけるアジア・アフリカの植民地問題があった〔西川 22-6〕。

五月革命はそれまでの社会闘争のスタイルを不可逆的に変えた。まず独裁的な社会統制を解体し、社会の民主化を目指し、個人主義が台頭し、日常生活の私的空間を広げた。また、それまでは闘争の対象となってこなかった、社会の周縁に置かれた、女性・ゲイ・移民・囚人などの集団の包摂を求めるさまざまな社会運動を広げた。闘争の主体は、従来の議会主義的で権威主義的な共産党ではなく、分散的でアナキズム的な急進左翼となった。参加する知識人の間では、それまでのフランスの知的伝統を重んじる啓蒙主義的なスタイルから、闘争参加型の行動する知識人のスタイルが定着した。

「パリに吹いた東風」

では五月革命と文革との関連性はなにか。ニューヨーク市立大学大学院教授、リチャード・ウォーリンの著作『１９６８　パリに吹いた「東風」』（福岡愛子訳）を踏まえてトレースしてみよう。

文革は毛沢東が紅衛兵の力を借りて、既成権力を打倒し、古い文化を打破した。ソ連や東欧の社会主義を修正主義として批判し、労働者・農民を立ち上がらせてブルジョアを倒す階級闘争を展開した。パリではマオイズムが流行し、『毛沢東語録』が売れた。映画ではゴダールの『中国女』が話題を呼んだ。フランスにとって毛沢東の革命中国は、ホーチミンのベトナムやカストロのキューバなどとともに、崩壊しつつある西欧近代に替わる、第三世界の希望の星であった。中国に関して学生が持つ情報は乏しかったが、だからこそ、自分たちのユートピアを投影する余地が広がった〔ウォーリン 117-34〕。

とはいえ、五月革命当時、フランスにいたマオイストはわずか一五〇〇人ほどで、かれらは労働者階級による政治闘争を重視していたため、当初は学生たちの蜂起には冷淡だった。フランスのマオイストが脚光を浴びるのは、サルトルとボーヴォワールがマオイズムへの共鳴を表明したことが大きい。サルトルは参加する知識人《アンガージュマン》として、五月革命蜂起に深くかかわり、学生革命家たちに熱狂的に受け入れられていた。サルトルとボーヴォワールは六七年、文革下の中国視察旅行に赴き、フランスのマオイスト党派を支持し、マオイストの発行する機関誌の編集発行人となった。サルトルはマオイストの革命的情熱を讃え、キューバ・コンゴ・ベトナムなど、第三世界の抑圧者たちの闘争への共感を表明した〔ウォーリン 193-212〕。

一九六〇年創刊の文芸誌『テル・ケル』もまた、文化大革命の中国を熱烈に支持した。同誌は文芸批評とともに、構造主義の理論家が多く寄稿していた。七〇年代以降、文化大革命の新たな文化潮流、マオイズムのイデオロギーに心酔し、中国特集では多くの読者を獲得した。ここからクリステヴァの『中国の女たち』が生まれた〔ウォーリン 239-80〕。

意外なところでは、かのフーコーもまた、マオイストとのかかわりから、「権力のミクロ身体学」に関わる「系譜学」「生‐権力」「規律社会」などの独自の概念を構想していった。フーコーは五月革命当時、チュニスで教鞭をとっていたため、蜂起には参加しなかった。帰国後、監獄情報グループのマオイストとのかかわりの中で、あらゆる制度を通して働いている政治的抑圧、日常生活の植民地化という視点を獲得し、『監獄の誕生』『性の歴史』を書きあげた〔ウォーリン 293-6〕。

むろん五月革命とそれ以後の革命的熱狂が、すべて文化大革命の影響に由来するものではない。マオイストの直接的関与があったにせよ、それが主要な推進力であったわけでもない。とはいえ、両者には共鳴板となる革命的熱情があった。

毛沢東も文革当初はパリ・コミューンを意識し、一九六七年一月に上海市の実権を握った「上海コミューン」に賛辞を送っていた。

「ヨーロッパの労働者階級には革命伝統がある。世界革命はフランスに戻らなければいけない。フランスの一八カ所の大学のうち、大学生は一六カ所を占拠している。彼らはわれわれは無政府主義だという。いま彼らがやっていることはとても良い。鎮圧してはいけない。事態は時がたてば変わるものだ。パリ・コミューンに最初はマルクスも参加しなかった。無政府主義だからね。政府はあとからできたのだろう」〔年譜6、166／1968.5.20〕

明らかに文革によって北京の街頭に現出した紅衛兵たちが演じる破壊と喧騒の劇場空間

が、ユーフォリアを伴う日常生活の革命としてパリの若者たちの心情を刺激し、現状打破への熱情を高めた。文革は当時のフランス社会を変革する一つの触媒要素となったのである。フランスの学生と労働者の革命運動を支援して、北京や大小の都市において、中国の紅衛兵や造反派による累計約二千万人もの街頭デモが行われた〔銭③(下)96〕。

フランス社会は個別陣地戦的な運動を決起して、それまでの中央集権的な構造的抑圧からの解放を目指した。それによって、伝統や慣習に縛られた保守的な生活から、個人の日常生活の重視というアイデンティティ・ポリティクスへ、ソ連型議会主義をとる旧左翼の政治的エリートによる政治運動から、小党派の急進左翼によるフェミニズム・同性愛・民族差別などマイノリティの人権擁護のための社会運動へと、新しい社会を模索する動きをみせた。そこには、当時のフランス人の眼に映った紅衛兵たちの革命的情熱への共感によって、「造反有理」のドラマとシンクロするものがあった。

その共時性の背景として、フランスに国内・国外に植民地を抱える内なる第三世界的状況が実在したことを指摘しておきたい。世界革命としての文革という視点に立つとき、アジアの革命が常に民族解放闘争を志向していることを再び想起してほしい。フランス社会内部における少数者・抑圧者という人民の第三世界的状況は、毛沢東が国際的統一戦線を呼びかけるときの人民を主体とした中間地帯論と共鳴していたのである。

アメリカのベトナム反戦・公民権運動

文化大革命の所期の目的とは、端的に言って北京で政権を握っている司令部を砲撃し、権力を簒奪する、すなわち国家による国家の入れ替えを行うことであった。実際に劉少奇・鄧小平・彭真など多くの権力者は「走資派（資本主義の道を歩む実権派）」として打倒された。この権力闘争劇のために、国内的には人民内部の矛盾を階級闘争によって解決するという毛沢東思想が、さまざまな場面で「活学活用（実践的に学び活用する）」された。官僚主義を打破し、党の既得権益者を打倒するというのは、国家の行政機能を代行する官僚を打倒することで、国家を破壊し新たな国家に刷新する試みであった。

国外的には、資本主義世界経済を主導するアメリカ帝国主義を、プロレタリア人民の連帯によって打倒することを目指した。中ソ対立が起こり、中国にいたすべてのソ連技術者がいっせいに引き揚げた一九六〇年以降は、海外の主敵としてアメリカのほかにソ連が加わった。中国にとってフルシチョフ以降のソ連の社会主義は、人民主義を重視せず、党幹部の前衛による権威主義的な議会方式によって決議し、アメリカ帝国主義とは平和共存を図るものとされた。そのような社会主義は堕落した社会主義であるとして修正主義と呼んで激しく非難した。ソ連型の既成左翼による垂直型運動に対しては、先進国においても第三世界においても反発が強かった。

では、拡大する資本主義の覇権の中心としてのアメリカでは、どのような1968年だったのだろうか。

当時のアメリカでの争点は、ベトナム反戦のための抗議行動と黒人反差別のための公民権運動だった。大学のキャンパスや街頭で、多くの怒れる若者たちがベトナム反戦と黒人解放を叫んで、授業ボイコットやデモを繰り広げた。公民権運動のさなか、一九六五年にブラック・ムスリム運動の活動家であるマルコムXが暗殺され、六六年にはブラックパンサー党が結成され、六八年に黒人解放運動を指導していたキング牧師が暗殺された。そのことがまた、ブラックパンサー党はじめ黒人の急進的な運動を盛り上げる大きなきっかけとなり、アメリカ社会に人種差別撤廃の大きなうねりをもたらした。また公民権運動は、ウーマン・リブやレズビアン・ゲイ解放運動など、アメリカ内部のマイノリティ集団に対する性差別や不平等を告発する運動へと発展していった。

毛沢東は、この黒人反差別やベトナム反戦運動に触発されて、抑圧された黒人、アメリカ帝国主義と戦うベトナム人民に対して、くり返し支持を表明し、彼らとの連帯を呼びかけていた。一九六八年四月四日にキング牧師が暗殺された直後、毛沢東は『人民日報』四月一七日に黒人の抵抗運動を支持する声明を発表した。

「マルティン・ルーサー・キングは一人の非暴力主義者だが、アメリカの帝国主義者はだからといって決して彼を許容しないし、反革命暴力を使って血なまぐさい鎮圧をする。このことは、アメリカの広大な黒人大衆に深い教えをもたらし、反暴力闘争の嵐を巻き起こし、アメリカの百数十の都市を席巻した。これはアメリカで史上空前のことであった」

「アメリカ黒人の闘争は、被搾取・被抑圧の黒人が自由解放を勝ち取る闘争であるだけでなく、すべての被搾取・被抑圧のアメリカ人民が独占資本階級の残酷な支配に反対する進軍ラッパである。すべての世界人民がアメリカ帝国主義に反対する闘争と、ベトナム人民がアメリカ帝国主義に反対する闘争に対する、巨大な支援であり鼓舞である。私は中国人民を代表して、アメリカ黒人の正義の闘争に対し断乎たる支持を表明する」

「アメリカの人種差別は植民地主義であり、帝国主義制度の産物である。アメリカの広大な黒人とアメリカの支配集団との間の矛盾は、階級矛盾である。アメリカ独占資本階級の反動支配を覆し、植民地主義と帝国主義制度を打ちこわしてこそ、アメリカの黒人は徹底的な解放を勝ちとることができる。アメリカの広範な黒人とアメリカの白人のなかの広範な労働者は、共通の利益と共通の闘争目標がある。だから、アメリカの黒人の闘争はますます多くのアメリカの白人種のなかの労働者と進歩的人士の共感と支持を得ているのだ」

「目下、世界革命は偉大な新時代に入った。アメリカの黒人の解放闘争は、全世界人民のアメリカ帝国主義に反対するすべての闘争の一部であり、現在の世界革命の一部である」〔年譜6、160／1968.4.16、文稿12、486‐8〕

毛沢東は、人民を主体とする中間地帯論によって、アメリカの抑圧された黒人・白人の労働者との連帯が可能であり、それは世界革命の一部だとした。

いっぽうアメリカのような資本主義の物質的豊かさが充足した社会においては、社会の内なる民族的人種的少数者による、新植民地主義下でのアメリカを頂点とする資本主義勢力との闘争が盛りあがっていった。その闘争に対して、第三世界の広範な人民の支持があった。アメリカ社会内部の警察や大学による抑圧的な支配体制を打破することは、第三世界民衆の反植民地主義・反帝国主義の闘争とつながっているという実感だったのである〔マルクーゼ 108‐11〕。

アメリカの運動参加者にとっては、第三世界に住む人びとへの支援や、アメリカ国内の公民権を求める黒人などとの共闘が大きな動機になっていた。とくに白人の中間層以上の運動家にとっては、第一世界にすみ、帝国的豊かさの享受に対する贖罪感が運動をラディカルなものにしていたとも言える。いわばアメリカ国内の第三世界問題としての「1968運動」という視点である〔油井 69〕。

CCASと文革

このベトナム反戦と公民権運動の潮流が、アメリカの中国研究者を刺激した。米軍の北ベトナム攻撃が激化していくさなかに、アメリカのベトナム政策に反対するハーバード大学の大学院学生を中心とする中国研究を含めた若いアジア研究者の間から、ＣＣＡＳ（Committee of Concerned Asian Scholars 憂慮するアジア学者委員会）という運動体が結成されたのである。

ＣＣＡＳは、それまでのアメリカのアジア研究がアメリカ政府の対アジア政策実行のための道具になっていることへの痛烈な反省と批判を志向する組織として生まれた。アメリカのアジア研究は、五〇年代初頭のマッカーシー赤狩り旋風によって、反共的なアジア研究に塗り替えられていた。欧米式の近代化の道をアジアに当てはめてアジアの近代化を評価することで、アメリカの資本主義と両立するような軍事・政策協力的な調査研究が奨励されていった。アメリカの中国研究が、ＣＩＡやフォード財団からの資金・奨学金によって、政権の政策的意向に沿う形でなされていることに対しても、ＣＣＡＳは激しく批判していた。

この意味で、ＣＣＡＳは大学や学界組織や研究制度における世代間闘争という側面を濃厚に帯びていた。ＣＣＡＳのメンバーに共通するモメントとして、ベトナム反戦運動とマオイズムへの心情的共感があり、立論のスタンスとしてアメリカの中国敵視政策、対中封じ込め政策批判があった。彼らは会報誌*Bulletin of Critical Asian Studies*を発刊し、新しい分析枠組みの研究にもとづく言論活動を展開した。

ＣＣＡＳは同時期の日本のアジア研究者の間にも、同志的な相互影響をもたらした。というのは、ＣＣＡＳの主力メンバーであるマーク・セルデン、ジョン・ダワー、ハーバート・ビックス、ダグラス・ラミス、ブレッド・バリーなどは日本に研究滞在、あるいはしばしば訪問しており、日本のベ平連と共闘するかたちで「外人ベ平連」を結成したからである。当時日本でベ平連で活動していた武藤一羊は、六九年に、北沢洋子や彼らとともに英文の季刊雑誌『英文ＡＭＰＯ』を発行し、彼らもそこに寄稿していた。

ＣＣＡＳの社会的学術的活動が刺激となって、日本の中国研究者は、特にアジア政経学会などに顕著だった、アメリカ研究に影響を受けての中国へのアプローチに対する学問的反省を迫られた。誰のための中国研究かという問題意識の提起である。遡れば一九六二年にアジア・フォード財団からのアジア研究への資金受け入れ問題が、学術界に大きな論議を呼んでいた。

政治学にせよ社会学にせよ、それまでのアメリカ発の中国研究の中核には、近代化論と比較政治論があった。そこでは、アメリカ式の近代化・現代化との距離感と、アメリカ式のデモクラシーを比較参照して、それとの差異が中国の実態分析の基準となっていた。日本のアジア研究に深い影響を与えてきたライシャワーやフェアバンクの近代化パラダイムは、中国近代化を西洋の衝撃と反応という思考枠組みで捉えるものだった。そのために日本の中国研究は、ともすればアメリカを頂点とする一元的近代化論の枠内に中国を序列化していくことに帰結していった。ＣＣＡＳはそのようなアメリカの絶対優位に対して自己批判を迫るものであった。ＣＣＡＳの影響を受けた日本の研究者は、中国独自の近代化路線を模索した。

文革の狂騒状態がやや沈静化した一九七〇年代以降、日本の中国論あるいは中国研究には、もう一度、近代以降の長いスパンで文革を含む中国革命を捉えなおそうという、竹内好のような、いわば「内なる中国革命」の視点が出てきた。西洋との比較による近代化や革命だけではなく、日本の明治維新や近代化との比較をも参照して、中国独自の中国に即した近代化とは何か、という問題意識が生まれた。

運動としての文革論から距離を置いて、日本においては内発的発展論が人民公社論とか、その後の郷鎮企業論へと展開していく流れが生まれたのである。その流れは、それまで主流となった近代化論への対抗的研究潮流としてのＣＣＡＳとの相互関係のなかで生まれたとも言えるだろう。

「反システム運動」として

1968運動をその世界同時多発性から世界革命と呼ぶとすれば、第一の特徴として、参加者の自由意思を重んじる、アナキズム的な水平型の社会主義運動としての新左翼が優勢を占めるようになった。そして、既成左翼と新左翼との抗争が激しくなった。

第二の特徴として、それまでの文藝や文化を覆すような、若者による新たな対抗文化が流行した。中国では「四大（大鳴・大放・大弁論・大字報＝大いに見解を述べ・大胆に意見を言い・大いに弁論し・壁新聞を貼る）」に触発されて、壁新聞が街頭に貼りだされ、毛沢東への忠誠を誓う肉体表現が熱狂的に演じられた。それと通底するような、フランスでの構造主義に対するポスト構造主義的な現代思想や現代芸術の流れ、アメリカにおけるフリー・セックス、ドラッグ、ウッドストックなどのロック・フェスティバル、ヒッピースタイルなど奇抜なファッション、日本における音楽・演劇・映画・漫画などのジャンルにおける「アングラ文化」などである。

こういった不可逆的な歴史的変化をもたらした世界同時性の運動を、「世界システム」論を提唱したウォーラーステインは、「反システム運動」としての「一九六八年世界革命」

と称している〔ウォーラースティン 114-24〕。一九六八年の学生運動・学園紛争は、世界同時多発的な運動だったと言われる。確かに、運動それ自体が共時的に起こり広まったという事実は認められる。またその運動は既成左翼の党派に属さない青年が中心であって、上の世代への異議申し立て運動という世代間闘争の様相が強かった。

同時多発的であるとともに、相互関連性もあった。たとえばベトナム戦争は、アメリカを頂点とする帝国主義的あるいは新植民地主義的な資本主義に対する対抗運動を激化させた。文化大革命ではフランス革命でのパリ・コミューンや、一九六八年の五月革命に対する礼賛と、ベトナム反戦への支持が表明された。

確かに、運動の争点については一様ではない。とはいえ、同時期の文化大革命からの影響について、西側諸国の学生を主体とする新左翼運動においては、被抑圧者の既得権益者に対する反抗という共通項が見られた。文革を含むアジア革命において、民族解放闘争という要素が押しなべて強いことにより、西側先進国の1968革命においては、内なる植民地・内なる被抑圧者という視点を鋭く突きつけることになったのである。

「1968」は「戦後の終わり」と「近代の終わり」を際立たせる世界史的な転換の年であったと言われている〔西田・梅崎 15-6〕。本書では、西側諸国の旧体制に対する「異議申し立て」としての「1968運動」の同時多発性という従来の視点からではなく、米ソを頂点とする帝国主義的な支配の打破という観点から、アジアの「1968造反運動」という視点をとった。その視点に立つとき、アジアにとっての「1968」は、それまでの世界を分断していた「東西」対立から、新たな世界の分断線として「南北」対立への移行を際立たせることになったのである。

そのさい、「南北」対立の「南」に盤踞《ばんきょ》する発展途上地帯としてのアジア、そしてその中心に定位する中国の存在感が、文革という一陣の嵐を吹かせることによって、いっそう世界の耳目を驚かすこととなった。中国は国際的孤立を恐れたりひるんだりすることなく、勇猛果敢に米ソ超大国に反旗を翻し、抑圧された世界のプロレタリア人民に団結と連帯を呼びかけた。マオの革命は、単に劣勢な社会主義勢力が優勢な資本主義勢力に立ち向かうという図式にとどまらず、むしろもっと重要な意義は、虐げられてきたアジア・アフリカ第三世界の人民が、強勢に驕る帝国主義勢力を覆そうとする、世界大の階級闘争を演出したことにあった。この意味で、「1968運動」としての文革は、「東西」冷戦に彩られた「戦後」と、資本主義の帝国的拡張に彩られた「近代」によって構築された既存体制への「異議申し立て」であった。そして「世界革命」の理念としての文革は、既存体制を転覆する「反近代」によって、社会システムの下層へと抑えつけられ、世界の周縁へと排斥されてきた民族や人民を解放する企てだったのである。

第6章 反革命

——台湾発アメリカ行き「東京クラブ」

インドネシアでの革命失敗後の空白に
怒濤の資本主義が押し寄せてきた
アジアの勢力図は
どう塗り替えられていったのか

革命失敗がもたらした暗転

9・30事件は、表層の現象としては陸軍内部での左右の権力争いをめぐるクーデターであるが、その失敗は、中国にとっては共産主義者の粛清、華僑華人の迫害と離散、外交関係の中断と、まさに踏んだり蹴ったりの結末をもたらした。そればかりか、インドネシア国内政治のみならずアジア情勢を一挙に反転させるほどの衝撃力を持つ、世界史の軌条を転轍させるほどの出来事となった。

スカルノは建国以来「革命《レボルシ》」を掲げ、政治勢力としては国民党、ナフダトゥール・ウラマ（NU）、インドネシア共産党の鼎立によるナサコム体制を布き、「反帝国主義・反植民地主義」を国是とした。9・30事件を契機として、国内ではスカルノからスハルトへと政治権力が完全に移行し、スハルトは、「新秩序《オルデ・バル》」を掲げ、政治勢力を翼賛政党のゴルカルに一本化し、反共主義と経済開発至上主義による「建設《プンバングナン》」を国是とした。一九六七年のASEAN（東南アジア諸国連合）結成にインドネシアは加盟し、東南アジア五カ国は西側勢力との貿易関係・経済協力関係の緊密化とスハルトの開発独裁により、スカルノ末期には破綻寸前だった国民経済は、飛躍的に発展した。

親社会主義路線は資本主義路線へと転じ、非共産圏最大の党員を擁するインドネシアの共産党組織は解体され、議長は処刑された。共産党・共産主義者への反共キャンペーンにより、インドネシア全土で共産主義者狩りが行われ、末端の村落にいたるまで、共産主義者の摘発・殺害に参加する加害者とその被害者に二分されるほどの全国規模の大量粛清・虐殺が行われた。

スハルトは一九六七年六月七日に「華人問題解決の基本政策」を制定し、新たな華人移民の受け入れを認めないとした。華僑にイスラーム教への入信を勧め、華僑の中文名をインドネシア化させ、華語・華文の使用を禁止し、華人学校の閉鎖を解かず、華僑の経済・文化活動を制限するなどの法令を施行した。街中から漢字の表記が消え、春節（旧正月）の中華風の伝統風俗は許されなくなり、華人の文化活動が禁止されることにより、インドネシア社会から中華の匂いは消えていった。インドネシア華人はひたすら現地社会に溶け込み同化することを強いられ、政治活動にはかかわらないように自粛した。

台湾から見た9・30事件

時間は再び9・30事件後のインドネシアに戻る。そして、舞台は中国福建省の対岸で中国とは統治の正統性・領土・体制をめぐって反目していた台湾に移る。

9・30事件の衝撃はインドネシア国内を混乱させ、それまでのスカルノ体制を大きく変えただけでなく、国際社会にも大きな波紋を投げかけた。まず事件後、機敏な動きを見せたのが、それまでスカルノ統治下のインドネシアと良好な外交関係を維持してきた中国に反して冷遇される立場にあった台湾であった。

具体的には台湾はどのような対インドネシア工作を繰り広げたのだろうか。それに対して中国はどのような対抗策に出たのだろうか。

対インドネシア関係をめぐる事件後の中国・台湾の外交戦の攻防について、外交交渉の展開、国際世論の言論戦、事件後のインドネシア華僑迫害をめぐる華僑保護政策などに着目しながら検討したい。

これまでの9・30研究では本格的には参照されてはこなかった、台湾側の同時代史料に重点を置いて検証してみよう。

そう思い立って、二〇一三年八月と一五年八月、いずれも猛暑のさなか、台湾へ調査旅行に赴いた。台湾の現代史関係の文書調べとなると、台北の國史館と中央研究院近代史研究所檔案館である。この時期の台湾は、猛暑でさすがに快適とは言えないが、会社勤めの身には、時期を選ぶような贅沢は言っていられない。なけなしの夏休みを使うしかない。台湾は人びとが温厚で、街並みが日本時代の名残を残していて、街歩きがとても楽しい。文書調べで疲弊した心身を、夕刻の屋台めぐりでぼんやり人波を眺めながら、台湾ビールで喉を潤し、地元料理を堪能することで、明日への活力を養ってくれる。

二カ所の文書館で手当たり次第に9・30事件とインドネシア関連の文書を探ってみた。すると台湾側の関連文書は事件前および事件そのものについてよりも、事件後に台湾側がインドネシア工作を強めた状況の把握に有益な資料が見られた。台湾が事件をどのように捉えていたのかは当然と言えば当然ではあるが、中国側の視点と極めて対照的であったし、事件後のインドネシアへの働きかけは機敏にして果敢なものであることが、文書を通して伝わってきた。

国民党が統治する中華民国政府（中華民国政府の自称する国号は「中華民国」であるが、本書では「台湾」と記す）にとって、9・30事件の発端は、東南アジアの指導者となる野心の強いスカルノが、それ以上の野心家の毛沢東と結託して悪事を働いたものであったとの見方に立っている。ただスカルノは国内の左右勢力のバランスとりに腐心していたため、中国共産党は勢力を伸ばしつつあったインドネシア共産党に政権奪取の力をつけさせ、スカルノに圧力をかけた。こうして9・30のインドネシア共産党暴動事件が起こった。台湾からすれば9・30事件自体が共産中国の陰謀によるものであった〔「印尼迫害華僑及共匪〈護僑〉・〈撤僑〉之検討」（僑務委員会敵情研究室研究委員・呉枕岩）1967.4.25 国史〕。

あるいは別の資料においては、より詳しく9・30事件前後のインドネシア政局の変化を報告している。それによると、クーデター主犯はスカルノ大統領の護衛長のウントン中佐で、革命委員会は四五名から組織されていたこと、中国共産党とインドネシア共産党が結託して発動したものであること、ウントンによればCIAが陸軍首脳にスカルノ政権転覆をそそのかし、一〇月一五日のインドネシア陸軍記念日に決行する予定だったので先手を打ったこと、失敗後は全土で赤狩りがなされて一〇万人以上が犠牲になったこと、中国共産党が盛んにインドネシア共産党を支持する宣伝をしたために国内の中国関連機構がデモの標的になったほか、華僑が排斥のあおりを食ったこと、といった経緯である〔「印尼政局的新発展」『僑聯叢刊』七五輯、1966.4.1 中研〕。

この華僑排斥の実態に関しては、台湾の外交部のほか、僑務委員会が随時詳細な報告をまとめている。

事件後、スカルノからスハルトへと実権が移り、インドネシアは反共主義と「反華排華」に舵を切り、中国とインドネシアの関係は凍結された。インドネシアに席巻する反共の嵐は、それまで外交的に中国の苦杯を嘗めてきた台湾に起死回生の機会を与えた。しかし、「反華排華」がエスカレートして、反共の台湾支持の華僑にまで迫害の手が伸びていることに、台湾は懸念を示した。

インドネシアの現地人からすれば同じ中国人であるから、「華」と「共」の区別がつかず、偏狭なナショナリズムに煽られて華僑とみれば親共であろうが反共であろうが迫害した。当時の台湾側からの見方は、中国側の「反華排華」批判キャンペーンが、華僑迫害に拍車をかけたというものだった。六六年四月頃からインドネシア政府は群衆の反華感情を抑制し、批判の照準を中国大使館や新華社や中国系の華僑団体に絞るようになったため、一部の地方の混乱を除けば、「排華」から「反共」へと転換していったという。

台湾のインドネシア華僑

では、9・30事件後の華僑迫害によって、大陸の華僑農場ではなく、台湾に渡って難を逃れたインドネシア華僑はいたのだろうか。

台湾の当時の文書のなかには、インドネシアの反共青年や反共団体を受け入れることに関する小さな記述はあるが、実際に大量の移民やインドネシア難民を受け入れたとの記載は調べた範囲では見当たらなかった。当時の新聞報道でも、管見の限りではあるが、関連記事は見当たらなかった。ただ僑務委員会の文書を集中してさらに調べてみると、関連の資料は出てくるかもしれない。

9・30事件後に難を逃れて台湾に来たインドネシア華僑はいたのだろうか。

その問いを携えて、筆者は二〇一四年六月、台湾の台北市とは新店渓という大きな川を

中華民国印尼帰僑協会会長の張自忠氏

はさんで西岸側にある新北市にタクシーを走らせ、「中華民国インドネシア帰国華僑協会（中華民国印尼帰僑協会）」を訪ね、会長の張自忠氏にインタビューを試みた。張会長はジャワ島のボゴール出身の一九三五年生まれで、五七年に台湾に来た。協会は政府内政部の認可団体で、『印尼僑声』という雑誌を隔月刊で発行している。

張会長によれば、インタビュー当時、台湾に住むインドネシア華僑は五万人ほどで、来台の時期は三つほどに分けられる。

①一九五三—九年にかけてインドネシアの中華系高校卒業ののち、台湾の大学に留学したもの。のちにインドネシア政府が中華系学校を閉鎖したため、ますます多くの学生が台湾の中高・大学に入学し、そのまま帰国せず台湾にとどまったり、中華民国のパスポートで欧米に移住したりした。

②一九五九年のＰＰ10で多くのインドネシア華僑は中国大陸の故郷に帰ったが、少数の「頑固派・強硬反共分子」は台湾に定住した。

③一九八〇年より、西カリマンタンのシンカワン・ポンティアナックの女性華僑が台湾の主に元国民党軍人の外省人である老兵に嫁いだ。シンカワンでは八〇年代以降、三万人の女性が台湾に来た。

９・３０事件で迫害されたのは共産党員やそのシンパであって、親台湾派は事件の影響は小さかった。「反華排華」といぅが、すべての華人が迫害されたのではなく、反共の華人が被害に遭うことはなかったといぅ。たとえば張氏の出身のボゴールでは、「華僑住民の七割が反共で三割が親共だった」ので、華僑迫害の被害は少なかったらしい。中国政府はひとしなみに「反華排華」といぅが、「親共華人」への「反」であって、すべての華人に反対したわけではないのかもしれない。

ではなぜ事件の「難僑」が台湾に来ることはなかったのだろうか。筆者の質問に対して、張さんは、台湾に逃げようとしても問題はなかった。逃げようとする意思と能力のある者は逃げ、残ったのは生活の基盤がもとの居住地にしかないもの、あるいは能力のないものに過ぎなかった、と返答した。

インドネシアは中国と国交を結んでいたため台湾と正式の外交関係がなく、インドネシア政府は「中華民国」のパスポートを保持する華僑を認めず、彼らは無国籍者として扱われた。

インドネシア華僑華人史研究の黄昆章によると、一九五八年に台湾当局がインドネシアの地方の武装反乱を支持したことで、インドネシア政府は親台華僑のコミュニティ・企業・学校・新聞社を封鎖した。六〇年末には「中華民国」のパスポートを持つ無国籍者に対して、無国籍者としての待遇の継続を排除するとの「第五〇号代法令」を出した。インドネシア総移民庁の統計によると、9・30事件当時の無国籍者は一一八〇人だったが、翌六六年は九六七二人、六七年は三万一九三〇人、六八年は七万九九二一人と急増していった〔黄 24-5〕。

事件後、中国との関係が悪化したため、中国国籍を放棄した無国籍華人の数が増えたということだろう。華僑迫害の激化とともに、国籍をインドネシアに切り替えるほかに、台湾系の無国籍者とすることで、台湾に行かなくても、難を逃れることはできたということだろうか。

メルヴィンに拠れば、先述したスマトラ島アチェでは、華僑は藍系（国民党支持派）と紅系（中国共産党支持派）に分かれており、先述した第三波の華僑迫害においては、在地の親国民党集団が親共産党華人を軍に密告し、北京派の華僑が住む家に赤いペンキの目印を着けたことが迫害のサインになった〔Melvin 82〕。

いっぽうで台湾側の見方として、インドネシアの現地人からすれば同じ中国人であるから、「華」と「共」の区別がつかず、華僑とみれば偏狭なナショナリズムに煽られて親共であろうが反共であろうが迫害した。そのうえ中国側の「反華排華」批判キャンペーンが、華僑迫害に拍車をかけたという。

台湾の対インドネシア工作——西側世界への足がかり

インドネシア華僑への迫害に頭を痛めた台湾当局は、インドネシアと中国を完全に断交させ、インドネシアの残共勢力を粛清して、台湾との国交樹立を促そうとした。そこで台湾の新聞社や出版社は宣伝工作を強め、華僑社団の組織の回復をめざし、反共教育の民族学校を許可させるよう画策した。さらに、台湾系の銀行や貿易商社を通して、台湾との貿易の拡大に腐心した〔「附件16　在印尼対匪闘争策略（修正草案）」国史〕。これら台湾からインドネシアに向けての一連の関与政策を見ていくことにしよう。

台湾は他国に先がけていち早く対インドネシア工作に乗り出した。台湾政府が権力を掌握したスハルト政権との接触を始め積極的関与工作を展開していく過程を、台湾の外交部亜太司（アジア太平洋課）の文書をもとにたどってみよう。同課は事件後、オーストラリア・タイ・フィリピンなどの公館から本省あてにインドネシア情勢を公電で伝えている。

一九六六年一月、国民党中央第二組が第三国のタイ・バンコクに連絡部（李剣民・国民党駐タイ総支部主任委員が責任者）を創設し、四月にはインドネシア駐タイ大使のディアは台湾に対し反共華僑の生命財産の保障を表明し、双方で非公式接触が始まった。五月には国民党での海外工作を掌る党中央第三組主任の馬樹禮と、海外通信社社長で僑務委員会特任秘書の徐璩清が、インドネシア側との意見交換をし、アダム・マリク外相の賛同が得られた。

マリクの経歴は、駐ソ連大使を務めたあと（一九六〇―三年）、9・30事件当時は通商大臣で、事件後、外相・副大統領となった（一九七七年まで）。もともとインドネシア共産党とは敵対関係にあったムルバ党のリーダーで、事件後、同じく副大統領のスルタン・ハメンクブオノとスハルトとともに、「ゲシュタプ粉砕行動連合」を結成した。

六月にはインドネシア陸軍の情報と政治を主管する部門の責任者アリ・ムルトポとの正式接触が始まった。九月にはアリ・ムルトポ一行がスハルトの委任状を携え来台し、一〇月にはマリクが来台し馬主任と会談したことで両国訪問団の往来は頻繁になった。インドネシアは台湾に物資の購入を要請し、台湾とインドネシアの駐日大使館の間で照会をすることとなった。インドネシアに供与する米二〇〇〇トンは、インドネシアの駐日大使館から台湾の駐日大使館に要請し、シンガポール経由でジャカルタに送られ、インドネシアの駐タイ大使から台湾の駐タイ大使に謝意が伝えられた〔「附件1与印尼新政府接触経過節略」(中央第三組)中研〕。

ただし、鄒梓模によると、この米二〇〇〇トンはジャカルタに着く前にシンガポールで消えてしまった。この緊急援助米については、鄒梓模がスハルト将軍とスルヨ将軍からの要請で仲介の労を執ったのだという〔鄒②25〕。

中国側はインドネシアへの接近を図る台湾側の勢力を、インドネシア反動勢力と結託する「蔣匪幇特務」と呼んで批判した〔人日 1966.4.15, 6.24〕。

台湾発の対インドネシア経済支援の活動の拠点となったのが日本であった。その背後にはアメリカがあった。９・３０運動失敗後のインドネシアを、西側先進国主導の資本主義の波が席巻していった。じっさい、９・３０事件後のインドネシア情勢に外務省は深い関心をもっており、各国の駐日公館はさまざまな情報を外務大臣あてに寄せている。例えば在台湾大使、在メダン領事、在香港領事、在インドネシア大使（斎藤鎮男）などである。

事件後、日本は他国に先駆けてすばやい動きをみせた。一九六五年一〇月三〇日にインドネシア国会議長が日本の衆議院代表団に接見し、翌一一月には外務省が食料・衣服などの人道物資の支援を決めている。さらに同月末にジャカルタで経済・技術協力の議定書を結んだ〔台湾外交部『印尼政情月報』1965.10,11〕。

「東京クラブ」結成――西側のインドネシア包囲網

鄒梓模の証言によると、台湾のインドネシア工作の背景には、一九六六年三月一一日のスカルノからスハルトへの大統領権限譲渡以降、日本を拠点に川島正次郎・自民党副総裁、小沢久太郎・自民党海外経済協力委員会副会長、西山昭・外務省経済協力局長などに対して、対インドネシア経済援助の対日要請工作をした鄒自身の尽力があったという。鄒は日本がインドネシアに対して戦争賠償問題を交渉するためにスカルノ大統領と岸首相との間で外交関係ができた一九五八年以降、スカルノの特使として頻繁に日本とインドネシアとの間を往来し、日本の政府要人と深い関係を築いていたほか、日本の財界とも太いパイプを持ち、日本の対インドネシア経済協力事業の推進役であった。スハルトに政権が移譲されてからも、引き続き経済協力の仕事を委ねられていた。ただし、スカルノの特使として、日本・インドネシア賠償交渉で精力的に動いた華人系インドネシア人鄒梓模の証言については、同じく賠償交渉に関わった西嶋重忠の発言として、「全く信頼できぬ男」との伝聞が感想としてあり、その信憑性には一定の留保が必要かもしれない〔後藤②296〕。

鄒によると、五月、日本からインドネシアへの三〇〇〇万ドルの緊急援助供与が決定したさい、川島は鄒に対して、インドネシアの復興と発展のためには二〇億ドルの資金が必要だ。それには日本一国では力の限界があり、アメリカからの援助が欠かせない。だがアメリカはインドネシアの政治動向、スハルトの力量、ひどい汚職体質などから、インドネシアを信用していない。アメリカの信用を勝ちとる唯一の方法は、反共の台湾と接近させて何らかの外交関係を結び、スハルトが完全に権力を掌握したことをアメリカに示すことだ。そこで、日本と欧米各国が分担してインドネシア債権国会議（「東京クラブ」）を作り、国際的な協力機構を組織しよう。――このように述べたという。

　スハルト政権下で外交実権を握っていたヘル・タスニン将軍（陸軍参謀部第一局〔情報担当〕高級参謀）から台湾工作を委託された鄒は、東京に来ていた陳建中・国民党第一組（組織部）主任と会って全面協力することを言明された。鄒は六月に訪台し、古鳳祥・国民党秘書長、谷正剛・国民党長老、厳家鑑・副総統兼首相と会見した。そこで対インドネシア経済援助を要請し、蔣介石からの資金援助が言明された〔鄒②4-15〕。

　一九六六年三月の「三・一一命令書《スーパースマル》」以降、スカルノからの権限移譲が確定し、スハルト体制が固まるのを見極めて、台湾が積極的にインドネシア工作を強化し、台湾を拠点の一つとして東京－ワシントンとインドネシア経済援助網が広がっていった。

　佐藤首相はアダム・マリク外相と、「北京―ジャカルタ枢軸」に代わる、「東京―ジャカルタ枢軸」の樹立を画策し、多額の緊急援助を決定し、マリクは国連復帰への意思を表明した。佐藤首相は帰国した斎藤鎮男駐インドネシア大使の報告を受けて、アメリカとの協調の下に関係各国にインドネシア政府への協力体制として「東京クラブ」の結成を呼びかけた。

以後、中国側からは日本に対しては独占資本による経済進出批判のキャンペーンが、六九年末頃まで展開された〔人日 1966.4.14、4.21〕。日本のこの動きの背景にはスハルト政権にたいするアメリカの強い支援要請があった。ベトナム戦争を戦っているアメリカとすれば、中国からの影響力を殺いでおくことが死活的に重要だったのである。

「東京クラブ」は一九六七年六月から始動した。通称は東京クラブでも実態はインドネシア債権国会議（Inter-Governmental Group on Indonesia, IGGI）で、日本はじめ西側諸国とIMFなど四つの国際機関から構成されていた。同年、IGGIは二億ドルの借款を供与し、日・米が最大の拠出国として各三分の一を分担した。供与は年々増額され、六九年には五億ドルとなった。インドネシア政府はスカルノ時代に接収されたすべての外国企業の操業を認め、外資導入に関し寛大な条件が定められた。六九年に始まる第一次五カ年計画では、開発プロジェクトの八八パーセント以上が外資によって実施されることとなった〔リーファー 174-5〕。

また、一九六七年八月にインドネシア・タイ・マレーシア・シンガポール・フィリピンの五カ国からなるＡＳＥＡＮが結成された。同月末、インドネシアはそれまでのマレーシア対決政策から転換し、マレーシアと正式な外交関係を樹立した。

これ以降、日本の政財界は対インドネシアにどのような動きを見せたか。アジア経済研究所がまとめた「日本・インドネシア関係史小年表一九五八年—一九七二年」（一九七三年二月）からその主な事項を抜き出しておこう。

一九六七年
九月一一日　自民党国会議員団訪イ
九月中旬　民社党議員団訪イ
一〇月二日　インドネシア銀行日本支店開設決定
一〇月八日　佐藤首相訪イ
一二月二七日　財界首脳、佐藤首相と対イ援助について協議

一九六八年
三月二一日　三菱、三井、住友、丸紅など一四社、インドネシア石油資源開発会社に

正式資本参加
三月二八日　スハルト大統領、マリク外相、セダ蔵相ら政府首脳一行来日
七月二日　六八年は八〇〇〇万ドルの援助協定に調印、三〇〇〇万ドルの開発援助追加
九月二九日　政府派遣の経団連使節団訪イ
一〇月六日　経団連にインドネシアとの経済協力を進めるためインドネシア委員会設置
一二月二七日　海外経済協力基金、インドネシア政府との間でダム建設資金一四億七六〇〇万円の借款条約に調印

台湾に「インドネシア工作指導小組」結成

台湾側の動きとして、日本に赴いた馬樹禮国民党第三組主任の報告を見てみよう。なお馬はかつて一九五三年から五九年までインドネシアにいて、その間、インドネシア華僑向けの台湾系現地紙の『中華商報』（インドネシア中華商会連合会発行、発行部数は一万部）社長兼編集長であったが、五八年に反共新聞社ということで逮捕、一年四ヵ月間入獄した経験を持っていた。

六七年三月、スハルトが大統領代行に就任し、四月にマリク外相が東京に赴き、ルクミト駐日大使らと共に馬樹禮と会談した（鄒梓模の証言によると、このマリクの東京訪問を取り仕切ったのが鄒自身だという〔鄒 ②23-7〕）。馬主任からは、華僑排斥がインドネシア経済を危機に追い込むことへの憂慮が表明された。マリクはインドネシア政局を概観して、インドネシア共産党党員三〇〇万人のうち、殲滅したのは数十万人であること、現政府に協力的でないのは、親スカルノの国民党人・海軍陸戦部隊・空軍快速部隊・機動警察隊などであること、当面は寛大政策を採ってインドネシア共産党に利用されるのを防ぐしかなく、スカルノの体面を保つことに留意していること、などの見解を示した。主な協議事項を集約すると以下のようになる。

・（中国との断交）マリクは、外務省内には容共的なスバンドリオ派が多く、能動的に断交を持ち出すことはマリクの立場を危うくするのでできない、中国側から断交することになるよう、そのための準備をしておくと強調した。それに対し、馬は理解を示しつつも、インドネシアの安全と経済復興のために断交は当務の急だと述べた。

・（排華問題）馬はマリクの、親共華僑は取り締まるが反共華僑は保護するとの方針はよしとしたが、白黒をわきまえず反共の名を借りて排華の実を挙げるような事例が多く、とりわけ東ジャワ・南スマトラ・西カリマンタンなどは、反共華僑までもが地元の軍警により排撃の対象になっているとした。これに対しマリクは情勢への理解を示し解決に向けての措置をとったと言明した。このやり取りを通して、台湾側はインドネシア当局が華僑社会の実態について十分把握していないとの印象を持った。

・(華僑団体・華僑学校・華僑新聞の回復) 馬はこれらの華僑組織回復の必要性を詳しく述べた。それに対しマリクは、原則としては完全に同意するが、インドネシア華僑の反共か親共かの識別が困難である実態を踏まえなければいけないとした。そこで華僑「忠奸」の識別にあたり、台湾側が僑務委員会特任秘書の徐璩清をインドネシアに派遣して僑務の顧問役とすることを決定した (実際に五月に徐璩清と李剣民がジャカルタに着任した)。

・(インドネシアのパスポートに「台湾への渡航を禁ずる」と押印されていること) 馬から遺憾が表明され、マリクは帰国後即座に押印を削除するよう指示するとし、実行された。

・(台湾漁民のインドネシアでの拘束) 馬から漁船の返還を促したことに対し、マリクから帰国後処理することが言明された。

・(経済困難打開のための借款) マリクから借款の要望が出されたが、馬は中国との断交前にはまだ時宜を得ず、目下その余裕もないが、技術支援なら可能と発言した。

・(新聞発行のための設備提供) マリクから新聞発行のための設備提供について個人的な

要求がなされ、馬は帰国後の検討を約した。

馬の印象によると、マリクは駐日大使館を駐タイ大使館と並んで対台湾連絡工作の拠点と位置付けていたが、ルクミト駐日大使との間はよそよそしく、あまり良好な関係には見受けられなかったという。馬とマリクとは率直な意見交換がなされ、馬の積極的要請に応じてマリクは適切な事後的措置を採ってはいるが、限定的かつ時限的なものであった。馬は台湾との国交樹立即ち中国との国交断絶を望み、インドネシアの反共政策を支持したが、それがインドネシア華僑迫害のエスカレーションにつながることを懸念した。

国民党中央は対インドネシア華僑工作を重視し、「インドネシア工作指導小組」（谷鳳翔秘書長がよびかけ、中央第二組・第三組・第六組、外交部、国家安全局から構成）が結成された〔「附件2　赴日与印尼外長馬立克会談経過節略」中研〕。

台湾では、文革に対抗するため、一九六六年一一月から、蔣介石によって「中華文化復興運動」が発動された。一二月に国民党第九期四中全会において推進綱領が採択され、翌六七年七月には成立大会が開かれた（初代会長は蔣介石）。蔣によれば、復興運動は文革の思想戦・文化戦に対抗し、「共匪」掃滅と大陸反攻完遂のための思想的文化的武器とされた。「四旧打破」を呼号する文革に対し、伝統的中国文化の保全と復興を国際社会に訴えることによって、「毛匪」への国際的批判が高まり、中国の国際的孤立を際立たせるねらいがあった〔菅野 226–32〕。

中国との断交をめざして

一九六七年六月、「インドネシア工作指導小組」第一回会議が、国民党中央委員会会議室で開かれた。以後、指導小組は台北で定期的に開かれた。また、五月にジャカルタに赴任した徐壚清と李剣民は、現地で政府や華僑社会と接触しながら任務をこなした。

工作の目標には、①反共闘争を支援して中国との断交を促す、②インドネシアに華人事務連絡本部を設置して華僑の権益を擁護する、③インドネシア籍あるいは無国籍（即ち中華民国籍）パスポートを所持する者の台湾への自由旅行を許可して相互訪問を促す、④両国の貿易を促進する、などがあった〔「附件2赴印尼工作経過与所獲成果報告書」（報告者・徐壚清）国史〕。なお、中国側はマリク外相が会談において、「もし台湾に台湾共和国が成立したら国家承認しましょう」と発言したことを伝えている〔人日 1967.9.25〕。

その後、一九六七年九月以降、中華民国とインドネシア双方は商務代表団を派遣し現地駐在事務所を開設することを取りきめ、八月、航空権条約に調印し、三月、中央通信社とアンタラ通信社との間でニュース交換協定が結ばれ、九月、インドネシア国会の外交委員会で中華民国との国交回復について提案され、一〇月、インドネシア国会議長を台湾に招請するなど、関係はますます緊密になっていった。中国は台湾とインドネシアの接近の動きを、「インドネシア・ファシスト軍人政権と蔣匪幇が……アメリカ帝国主義の『二つの中国』を作り出す陰謀に追随」として批判した〔人日1968.9.2〕。

一九六七年一〇月、インドネシアと中国とは外交関係が停止した。かといって国交のない台湾に正式の外交関係を乗り換えることはなかった。前年七月、スハルト陸相は下記の理由から、中華民国を承認する意思のないことを表明していた。

「中共〔中華人民共和国政府のこと〕とインドネシアの関係が緊張しているのは決してわれわれのせいではなく、中共の挑発がもたらしたものだ。インドネシアとしては相互敬愛の基礎のうえに立ちわれわれの内政に干渉してほしくはない。すべての国家を友としたい。だがわれわれは台湾を承認するつもりはない。われわれは『二つ』ではなく一つの中国だけがあることを信じているからだ」〔「蘇哈托無意承認中華民国」央秘参55第0969号、1966.7、中研〕

スハルトの発言は中国との外交関係は凍結しつつも、「一つの中国」方針は変更せず、断交はしないという原則を述べたものである。スハルトは9・30事件の反共バックラッシュのなかで、反共の潮流に乗り、西側資本主義社会への参入の道を一気に進んでいったという見方が受け入れやすい。だが中国と断交し台湾と新たに国交を結ぶという選択には踏み切らなかった。それはなぜだろうか。

その疑問は、中国との国交を断絶させ、台湾との国交を樹立させるためにさまざまなてこ入れをする台湾政府当局もまた大いに悩ませることとなった。台湾当局の分析によると、インドネシアが能動的には中国との断交に踏み切らないのは、インドネシアの経済建設の成否はアメリカ・ソ連・日本などからの経済支援頼みで、彼らが共産勢力の一掃を意図していたことを逆手にとって、毛沢東中国との関係を引きずることで、西側諸国とソ連とを牽制しようとしたこと、西側諸国に対する不信感が拭えていないこと、非同盟中立を堅持して反共リーダーたちを挑発し離間させたり、台湾との外交関係樹立に水を差して反共合作を阻止したりすることによって、外交の柔軟性を確保しようとしていること、などの理由を挙げている〔「印尼新外交政策及我与印尼修好之展望」国史〕。

スカルノからスハルトへの正式な大統領職の権力移譲は一九六八年三月二七日のことであり、それまではまだスカルノの影響が、政治と軍の組織の一部に残っていた。国家の正式な体制イデオロギーとして完全な形で反共主義への転換がなされるまでにかなりの時間を要したことも、背景の一つにあるのかもしれない。

同様に奇妙なことは、スハルト政権では依然として北朝鮮との国交も維持してきたということだ。二〇一五年九月、9・30事件から五〇年の節目に、ジャカルタで早稲田大学とインドネシア科学院（ＬＩＰＩ）共同主催のシンポジウムが開かれた。筆者もそこで「九月三〇日事件後のインドネシア・中国・台湾関係の構造変化」という発表を行った。そのシンポジウムにゲストとして招かれた、一九六〇年に留学生として北朝鮮入りしたガトット・ウィロティクト氏が、みずからの回顧談を披露した。氏は９・３０事件でインドネシア政府からにらまれたうえにパスポートの期限が切れて無効となって帰国ができなくなり、一九六八年に現地の女性と結婚し、以後五〇年間、平壌で暮らすという数奇な運命をたどった。その間、訪朝したインドネシア政府閣僚などの会談通訳を務めたのだという。帰国したのは二〇一〇年であった。

北朝鮮に残ったインドネシア人留学生は彼一人だったというから、スカルノ時代に喧伝された、「ジャカルタ‐プノンペン‐ハノイ‐北京‐平壌枢軸」という言葉とは裏腹に、人的交流は寥々たるものであったことがうかがえる。とはいえ、平壌やハノイには大使館が置かれたままであって、北京との関係維持といい、ソ連との関係強化といい、スハルト政権を反共一色、西側一辺倒で捉えるのは実態とかけ離れた見方であるようだ。

その後の台湾とインドネシアの関係を追ってみると、一九七一年四月、ジャカルタに「ジャカルタ台北商会」、六月台北に「駐台北インドネシア商会」が設立、ビザの発行や商務関係業務を処理した。八月には双方の民間航空会社が直航便を開始、七四年には台湾の工商協進会とインドネシア財界人が「台湾インドネシア経済協力会議」を共催し、以後定例化した〔陳 450〕。

中国の国連復帰を後押ししたマリク外相とストミセン

一九七一年七月、ニクソン大統領の意向を受けてキッシンジャー補佐官が秘密訪中した。一〇月、国連総会で、中国招請のアルバニア案が可決し、中国は国連に加盟した。いっぽう台湾は国連から脱退した。

このときの国連総会議長が、インドネシアのアダム・マリク外相であった。加盟に先立ち、マリク外相は中国の国連加盟問題の解決のために一策を投じていた。白羽の矢を投じた先が、ストミセン（Szetu Meisen 司徒眉生）というインドネシア華僑であった。

ストミセンはマリクにとって一九四七年に知り合ってから深い友情で結ばれ、マリクがスカルノに冷遇されていた時期も絆が揺らぐことはない腹心の友であった。ストミセンの父親は広東人でバタヴィアの広東系華僑学校の校長のストゥァンである。ストミセンは一九六五年の9・30事件後、親中華僑とされていることによる迫害を恐れて中国に帰国し、広東省政府に勤めたのちにマカオに逃れ、以後ずっとマカオで暮らしていた。

マリクは国連の中国加盟問題の解決のために、ストミセンの援助を求めていた。駐香港インドネシア総領事の仲立ちで、七一年四月、両者は六五年以来の再会をした。

マリクは単刀直入にこう切り出した。

「スハルト総統は中国の国連復帰議案を支持するはずはないが、表立っては反対しない。私は中国の立場を理解している。だが、目下、インドネシアと中国は外交関係が何年も中断していて、連絡を取るのはかなり難しい。君は私の古い友人で、中国の上層部とも通じている。できることなら、君は私の代わりに北京に行って、私は中華人民共和国の国連での権利回復に深い関心を示しているから、中国政府が国連加盟について、今総会で中国に有利な情勢になったら中国はどう対処するつもりかを確かめたいと、伝言してきてほしいのだ」

ストミセンは応諾し、マカオに戻って当時中国とマカオの連絡工作をしていた「マカオ南光公司」の責任者に本件を伝え、周恩来総理事務室への連絡を依頼した。九月になっても北京から何の反応もなかった。マリクは苦渋の面持ちで、カバンの中に忍ばせていたスハルトの訓令メモをストミセンに見せた。そこには「アルバニア案には棄権票を投じ、アメリカ案には賛成票を投じ、アメリカが国連で策動している〝二つの中国〟を支持せよ」と書かれていた。ストミセンは、ソファーを激しくたたき、「これは歴史の潮流に逆行するものだ！」と叫んだ。

しばしの沈黙のあと、マリクは言った。

「一つの中国だけがアジアと世界の安定をもたらす。ところがスハルトの訓令と私の信念は食い違う。どうしたらいいのか」

ストミセンは重い口を開いた。

「国連総会の議事ルールと議長の職権を研究しましたか。そこに特別の裁量空間があるのなら、その空間であなたの理想を実現するのです。一国の外相から迫るのでなく、国連総会議長の立場で問題を考え処理するのです」

「あなたはインドネシア外相としてせいぜい一〇年か二〇年務めてきたにすぎない。でもインドネシアが国連総会議長国になるのは百年一遇のことで、しかもあなたが議長というのは千載一遇である。これは歴史の重責です。この歴史の好機を摑んで離さず、百年の誉れを獲得するのです」

マリクはストミセンの情誼に感動し、「やってみよう、何とか実現しよう」と答えた。

ストミセンが香港からマカオに戻ると、はたせるかな、南光公司の責任者は息せき切って、すぐに北京に来るようにとのメッセージを伝えた。

九月一一日、ストミセンはマリクの私設顧問として北京に飛び、マリクのメッセージを手渡した。二五日、国務院副秘書長で周恩来総理事務室副主任の羅長青が接触してきた。

羅は言った。

「マリク先生のメモを拝見しました。マリク先生のご好意に感謝します。中国政府の立場はすでに中国外交部の八月二〇日声明ですべて表明しました。むろんマリク先生には可能な限り助けていただきたいですが、ご無理はなさらないように」

ストミセンはしばらくして、この間、中国では林彪による暗殺未遂重大事件が起こったために、予定が狂ってしまったことを悟った。

一〇月二五日、第二六回国連総会で、マリク議長は木槌をたたき、採決した。

「中華人民共和国は国連の合法的な権利を回復するということは、台湾は国連での席を失うということであり、台湾の席についての評決をする必要はない」〔鄒①173-4、「澳門隠匿着一位大功臣：印尼華僑司徒眉生」2005.1.23 人民網（http://news.163.com）、曽坤「我要評論（1）中印（印尼）友好関係史上的一位華裔功臣」2005.3.30 日人民網（http://news.QQ.com）〕。

資本主義vs.共産主義——レジリエンスの相克

いずれにせよ、インドネシアは一貫して中国との国交関係を維持してきた。

スハルトは対内的には強硬な反共主義を貫いたが、対外的には中立の位置取りで日和見を決め込むタイプではある。あるいは中国の建国後、共産党の樹立した政権であったにもかかわらずいち早く国家承認したところに見られる、初代副大統領のハッタの言うところの「自由・積極外交」が建国期から埋め込まれ、それがスハルトに至ってもなお継続していたという側面も見落としてはならないだろう。さらに、インドネシア経済を牛耳る華僑の多くはもともと親中的で、またインドネシアの輸出産品の多くは中国を主な市場としたため、中国との断交を望まなかったとも言える。やはりここは、スカルノ以来の非同盟中立の第三世界論の枠組みが、たとえ形骸化したとはいえ、バンドン精神とともに効力を保ち続けたとみるべきではないだろうか。

とはいえ、スハルト政権時代は、それまでのスカルノ時代の経済的貧困に耐え、自力更生で自立の道を歩む路線とは真逆の、先進国からの援助を仰ぎ、強権体制のもとで開発独裁を突き進んだ。9・30事件後の台湾－日本－アメリカの動きをみると、まずは経済支援の形をとって、次に通商へと進んでいった。生活の困窮と物資の枯渇によって経済的に干からびた状態に置かれたインドネシア社会に、外部の資本主義世界が潮が満ちていくように流れ込んでいった。資本主義の潮流は、それまでの親共産主義的な風潮を、一気に反共の熱情へと転化させていった。

このときスハルトの政府主導の経済政策を計画し推進したのが、カリフォルニア大学バークレー校で教育を受けたインドネシア人の経済学者たちであった。帰国後、彼らはインドネシア大学経済学部を忠実にバークレー校のコピーにした。彼らは「バークレー・マフィア」と呼ばれた。彼らはこれまで国有化されていたエネルギー企業に外国資本の参入を可能にする法制化を図った。そのことで、アメリカにインドネシアの天然資源が輸出されるようになった〔クライン(上)94-6〕。そのアメリカに踵を接するようにインドネシアへの投資を積極的に展開したのが日本であった。

空白の生じたところにひたひたと押し寄せてくるこの資本主義の自己増殖とも言うべきとめどない潮流。それは、革命を推進するプロレタリアからみれば、革命に対抗し反対する、まさに反革命勢力であった。この革命運動に対するレジリエンスとも言うべき復元力こそが、資本主義に内在するグローバルな浸透力である。

ただしスハルトのインドネシアの場合、開発独裁によって資本主義化と親米化を強力に推し進めたものの、アメリカ流の民主化とリベラリズムは浸透させなかった。アメリカもリベラル化を要求しなかった。その際日本は、アメリカの協力者として、アメリカの非リベラルのもとでの冷戦政策を補完する役割を果たしたのである〔菅217〕。

毛沢東は文革発動の後のまもない時期の発言として、「反革命路線（Counter-revolutionary Line）」と呼んでいたのを「反対革命路線（Anti-revolutionary Line）」に改め、文革発動後は、さらに「反動路線（Reactionary Line）」と呼ぶようになった、そして「ブルジョア反動路線」の発想を提起したのだという〔年譜6、2／1966.10.2〕。以後、「走資派（資本主義の道を歩むもの）」に対する、「ブルジョア反動路線への徹底批判」キャンペーンを巻き起こし、武闘による路線闘争、粛清劇へとエスカレートしていくのである。まさに毛沢東の眼に映った資本主義の激甚な勢力と、それを跳ね返す革命勢力という、双方のレジリエンスをめぐる力くらべのような様相が、毛沢東が発動した文革という革命劇なのであった。

第7章 遠距離革命
――西カリマンタン武装蜂起

世界から孤立する中国を遠く離れて
ゲリラ部隊が決起した
小さな革命の狼煙は
やがて人民戦争の烈火となるだろうか

再建されたインドネシア共産党

9・30事件当時は、多くのインドネシアの要人が、一〇月一日の国慶節に招かれて北京にいた。そこにはインドネシア共産党首脳もいて、中国は帰国を断念して北京に庇護を求めた彼らを保護し亡命を受け入れた。

一九六六年八月一七日、インドネシア共産党は北京で再建された。中央政治局はソ連式修正主義の和平路線を棄て、スカルノのナサコム体制ではなく工農連盟を基礎とした革命統一戦線を組み、反修正主義・人民武装闘争・革命統一戦線の三面の旗を掲げるとの自己批判を公表した。そして、中国革命の道を歩み、毛沢東の教えに従って、農村革命根拠地を建て、武装闘争を展開する指令を出した。それらの文献は中国共産党の理論宣伝誌『紅旗』(六七年一一期)に掲載された。農民に依拠し、農村で都市を包囲するという、遊撃戦・持久戦・自力更生を主体とした林彪国防部長の人民戦争論の継承である。実際に中国は国内外の世論の場で、インドネシア人民の革命的武装闘争を支持し、深く農村に入り人民戦争の道を歩め、と呼びかけた。

いっぽうインドネシア共産党からは、中国の核実験成功・九全大会・国慶節・中国共産党成立五〇周年などへの祝辞、死去した中国共産党高官への弔辞、米帝国主義批判声明などが中国共産党宛てに寄せられていった。これ以降、国際共産主義運動の枠組みにしたがって、『人民日報』などで、各国の共産党からの公式声明と並んでインドネシア共産党の声明が掲載されることになる。インドネシア共産党は中国主導の国際共産主義統一戦線の枠組みによって再建され、中国共産党の指導と庇護の下で存続したものの、インドネシア本国ではほぼ壊滅状態にあった。それらのメッセージが具体的な指令や綱領としての効力を発揮した形跡はない。その実態はと言えば、双方向の連絡も途絶えた状態の、亡命政党でしかなかった。

亡命インドネシア共産党の中央委員会代表は、9・30事件当時、たまたま病気療養で妻と三人の子どもと一緒に北京にいたユスフ・アジトロップであった。第2章でふれたチアンとハリデイ『マオ』によると、インドネシア共産党党員への殺害を免れて政治局員でただ一人生き残ったのが、たまたま北京にいたこのアジトロップだった。九五年にインタビューに応じた際の彼は、「失望に打ちひしがれた老人だった」と記している［チアン・ハリデイ（下）292］。アジトロップはその後、北京で死去した。

ユスフ・アジトロップという人物

このアジトロップをよく知る人物に接触することができた。

二〇一三年の春、香港のショッピングモールにあるレストランで、倉沢愛子名誉教授と一緒に、その人物に会った。一九三二年生まれ、バンドン出身の李道明（Tom Lee《トム・リー》）という。先祖は広東省梅県からの移民だという。リーさんは日本で早稲田大学に留学中にインドネシア共産党に入党した。当時日本にはインドネシア共産党の支部があり、日本共産党とは友党関係にあった。9・30事件が発生してリーさんは日本政府によって好ましくない外国人の一人とされ、日本共産党の助けを借りて香港・マカオ経由で広州を経て北京に渡って北京のインドネシア共産党に合流した。リーさんは北京のインドネシア共産党で中国語とインドネシア語の通訳を務め、インドネシアから送られるインドネシア語の資料を中国語に訳し、中国語版の『インドネシア人民の声』に載せていた。

リーさんによれば、北京に亡命していたインドネシア共産党関係者にはいろいろな派閥があって内紛が絶えなかった。中国政府はアジトロップの派閥だけを正規の代表として認めていた。じっさいにインドネシア共産党再建後の『人民日報』『北京周報』などを見る限りでは、インドネシア共産党にはユスフ・アジトロップの名前が中央代表団代表として記される以外、一切ほかの固有名詞が現れてこない。

リーさんは七一年に香港に移住した。

さらにもう一人、北京で活動したインドネシア共産党についての証言を語ってくれる人が現れた。なんとインドネシア共産党議長アイディットの長女である。アイディットは9・30事件の失敗後、潜伏先の中部ジャワで逮捕、取り調べの後、六五年一一月に処刑された。その長女、イバルリ（Ibarruri）、通称イバさんである。

イバさんは旧知の倉沢さんの自宅に泊まりながら、数日間にわたり倉沢さんからの聞き取りを受けていた。二〇一七年四月一五日のこと、倉沢さんのお誘いを受けた筆者はお宅にうかがい、インタビューに同席させてもらって、特に中国とのかかわりについていろいろと質問した。イバさんは知っていることは包み隠さず明快に答えてくれた。

イバさんは一九四九年、ジャカルタに生まれ、九歳のときよい教育を受けさせたいとの母親のすすめで妹とともにモスクワに行き小学校に入った。9・30事件の起こったときは、直前の六五年九月六日にモスクワに戻っていた。ジャカルタを発つ直前にインドネシア共産党系の学生リーダーに出立を告げると、彼は「ラジオをよく聞いていなさい。大事件が起こるよ」と言った。クーデターが起こることを知っていたようである。事件によって、モスクワのPPI（インドネシア学生会）は分裂した。その後モスクワ大学に入った。父親の死は、ジャカルタにいた母からの手紙で知った。

事件後、北京からイバさんに北京に来るよう要請があった。要請したのはOISRAA（アジア・アフリカ人民連帯委員会）で、彼らは党幹部の子弟がモスクワにいることを好まなかったのである。当然モスクワはイバさんらの北京行きを拒み、中国行きが実現したのは一九七〇年になってからだった。

一九六六年八月の北京でのインドネシア共産党再建についての経緯を尋ねた。9・30事件の前年八月にアイディットが中国に来て、毛沢東と会談したさいに、インドネシア共産党代表団一一名が北京にいた。そこにユスフ・アジトロップも含まれていた。事件後、北京は引きつづき北京にとどまったこの一一名の代表団だけを、アジトロップを指導者とする正式のインドネシア共産党代表と認めた。インドネシア共産党にとどまったメンバーのなかには、この北京代表団に反対する者や、ソ連行きを望む者がいて、インドネシア共産党はけんかや内紛が絶えなかった。

モスクワにおいても、ソ連共産党がインドネシア共産党再建を図ってOIY（Organization of Indonesian Youth インドネシア青年団体）を結成し、北京のインドネシア共産党を批判した。だが中には加入しない者や、中国に行きたがる党員もいた。また、チェコやハンガリーなど東欧諸国にもインドネシア共産党メンバーがいて、北京代表団に反対して新しい党を創ろうとして中国に向かったが、中国側は会合を開くことを拒否し、一一人の総意が得られない限り新党は認めないとした。中国にいたインドネシア共産党党員のなかでもとりわけ五一―六五世代（一九五一年から六五年までに入党した世代）は、中国路線への転換を表明したインドネシア共産党の自己批判に感化されていた。彼らは古い世代を修正主義者・日和見主義者と呼んで批判し、武闘によって打倒しようという動きを見せていた。

中国側はインドネシア共産党の内紛には干渉しない態度をとりつつ、われわれのやり方（文革）に従う必要はない、行動主義を慎み、自己批判を続け、方針を練るようにと、再建インドネシア共産党を分裂させないように指導した。

イバさんへの聞き取りから、北京に亡命したインドネシア共産党残党幹部たちの活動の実態がかなりわかってきた。

イバさんは一九八一年からパリで暮らしている。

西カリマンタンを訪れる

事件後、共産主義者に対する「赤狩り」が展開されていったことは第3章で述べた。邦字紙が伝えるジャワ島での動向を見ると、ジャカルタのある西部ジャワから、インドネシア共産党への粛清が、中部・東部へと伸びていく様子がうかがえる。

事件後しばらくは、中部ジャワの山岳地帯に大規模な共産分子の集結があり中南部の農村で共産勢力の「解放区」ができている〔朝日 1965.11.14〕、東部ジャワのマディウンでは地元の党員が地下に潜入し、郊外の山に籠ったとの情報〔読売（夕）1965.11.1〕など、インドネシア共産党の抵抗も伝えられていた。

だが時間の推移とともに、軍による鎮圧、警察による検挙・投獄、地元民を動員しての殺害が全土で伝えられ、インドネシア共産党の活動領域は急速に狭められ、もはや逃げ場を失っていった。

だが、事件後ほぼ二年を経過して、思わぬところから、共産主義者による武装蜂起の火の手があがった。それは、ジャワ島の北、ジャワ海を隔てた島にある、西カリマンタンで起こった。

西カリマンタンは、千もの島を抱えた多島国であるインドネシアの最大の島、世界第三位の面積を持つボルネオ島のなかで七割の面積を占めるカリマンタンの、西中南東に分かれた四つの州の一つである。カリマンタンは赤道直下の高温多湿の島で、その七五パーセントが森林に覆われている。

今は密林が切り拓かれて、パームヤシやゴムのモノカルチャーのプランテーション経営が行われて、どこに行っても同じような林相が広がっている。森林の乱伐によるオランウータンなどの野生生物の激減、火入れによる煙害が南シナ海で隔てられた隣国のマレーシア・シンガポールに健康被害をもたらすなど、深刻な環境破壊問題が起こっている。

西カリマンタンを訪れようと、二〇一五年九月に西カリマンタンの州都ポンティアナックに、倉沢愛子さん、西カリマンタンの華人史に詳しい研究者の松村智雄さんとともに、ジャカルタからガルーダ航空便で渡った。そのときの一時間ほどのフライトで、カリマンタン島に近づくと飛行機からの窓外の空は一面に靄がかかったようになった。煙害のせいだった。空港に降り立って機外に出ると、そういえば何か燻したような匂いがあたりに漂っている。それからの西カリマンタンでの三日間、一度も雨は降らなかったが、晴天にもかかわらずほとんど太陽は顔を出さなかった。

調査を終えてジャカルタに戻るガルーダ便は、昼に出発の予定がポンティアナックの空港で七時間も足止めを食った。煙害のため一便も空港への離着陸ができなかったためである。翌日の出勤に備えて、その日のうちに東京に帰らなければいけなかった。旅客ですし詰め状態の空港の待合室で、欠航や遅れの表示がずらりと並んだパネルを恨めしげに何度も見やりながら、まんじりともできずいらだちの時間を過ごさざるを得なかった。しかし煙害による航空便の遅れや欠航は珍しいことではないようで、待合室の地元の人たちはいたって平然とした様子で、ジャカルタからの航空便を待っているのだった。

たまたま一便だけ夜になって煙が晴れてジャカルタから着陸したのに飛び乗るようにして、最後の一席を確保し、ジャカルタに戻ることができた。空港内をダッシュして、私だけのために待機していた満席の成田行きにたどり着いたのであった。

文化的に見ると、西カリマンタンはインドネシアのなかでもユニークな歴史がある。松村さんによると、二〇一〇年国勢調査でインドネシア華人人口は四三九万人余りで、人口の二パーセント強を占めるにすぎないが、西カリマンタンの場合は、他地域の華人と比較して華人率が一五パーセントと高い。ほかにはムラユ人（スマトラ島やマレー半島からの移民あるいはアラブ系で、おもに沿岸部に住むイスラーム化した人びと）四〇パーセントとダヤク人（おもに内陸部に住む非イスラーム系の現地人）が住む。インドネシア華人の一四パーセントにあたる六〇万人が西カリマンタンに居住し、しかも州都で第一の都市ポンティアナックと第二の都市シンカワンなど、沿海部に集中している。華人は客家系と潮州系に分かれ、日常語も客家語・潮州語を話し、ジャワ島の華人と比べて中国伝統文化を強く保存している。ジャカルタから遠く離れた辺境にあったため、他地域の大都市居住のインドネシア華僑社会とは違って、インドネシア語やインドネシアの文化への同化という面では弱かった。またインドネシアの宗主国であったオランダの植民地統治を直接受けない自治領だったため、前近代的な地場の統治システムが残っていた。

西カリマンタンの客家人の多くは、一八世紀に地元のスルタンが南中国から呼び寄せた金鉱労働者の子孫で、一九世紀中葉に金が枯渇しはじめると、内陸部での農業に従事した。彼らは単身で移住したので、現地のダヤク人との通婚が進んだ。いまは農村居住の大規模農園経営者が多く土着化していることも、インドネシアの他地域の華人との大きな違いである。いっぽう潮州人はポンティアナックを中心として沿海部に渉り商業に従事した〔松村 35-8〕。

インドネシアのなかの小中華

西カリマンタンには多くの中華系の公会・郷親会・聯誼会や学校があり、中華学校には校友会があって、中華学校では中国語による授業がなされ、思想・教育・イデオロギーなどの面で中国の影響が強かった。第二次大戦後はインドネシアで唯一の華僑の寄付による中華民国の領事館がポンティアナックにできた。中華人民共和国を国家承認した一九五〇年以降は、領事館は閉館となり、中華公会が中国の領事館の代わりとなった。以後、親大陸派で親共産主義派の勢力が増していった。シンカワンから九〇キロほど内陸に入ったところにあるブンカヤンの山では、密かに華人青年を集めて、サバ・サラワクに侵攻して大マレーシアを粉砕するための軍事訓練を施すようになり、この山は「小延安」と呼ばれた〔海外僑情 1967、僑聯叢刊 1968、中研〕。

ブンカヤンとシンカワンに住む華人に聞き取りをしたところ、西カリマンタンの華人は親台湾系の反共主義者と親中国系の共産主義者の二つのグループに分かれ、学校も中国系と台湾系の二つに分かれていたという。だが国籍選択の義務があり、台湾とは国交がなかったため、台湾の国籍を選択することができず、インドネシアか中国の国籍を選択することになり、学校もすべて中国系になったという〔2015.9.21 ブンカヤンにて、9.22 シンカワンにて現地の華人にインタビュー〕。

ポンティアナックやシンカワンの街中にはジャカルタには見られない漢字の看板が目につき、中華風の建築物が多い。西カリマンタンの北部の沿岸部にある人口二五万人のシンカワンには、その中心街に道路の中央に立てられた柱に黄金色の竜が絡みつく「竜の塔」というモニュメントがある。インドネシアでは華人文化への忌避感が強く、中華的なモニュメントが今なお原則禁止されているため、このような建築物を目にすることは大変珍しい。シンカワンは華人居住率が約半分を占めるくらい非常に高い。市長は祖先が広東省梅県出身の華人の黄少凡で、華人の市長というのはインドネシアでは稀である。二〇〇六年から市長職にあり、竜の塔も彼が建てたものであった。

山地の多いボルネオ島のなかにあって、西カリマンタンは平地が多く、北部の沿海部は湿地が多く、北はマレーシアの一部であるサラワクと国境を接していた。

サラワクではイギリスに対抗してマレーシアへの編入に反対する華人を中心とする共産主義ゲリラ活動が盛んであった。これに呼応して、スカルノ時代から、北サラワクから西

シンカワン中心街の道路に立てられた「竜の塔」

カリマンタンにかけて、マレーシアに共同して対抗すべく、北サラワク共産党との共闘関係によるゲリラ活動が展開されていた。

スカルノ大統領は、国軍に西カリマンタンでサラワクのゲリラに軍事教練を施すよう指示し、インドネシア共産党西カリマンタン支部との共闘関係が展開され、インドネシア政府の後援で、一九六四年三月末に、サラワク人民遊撃隊（PGRS）が成立した。さらに、9・30事件が目睫の間に迫った翌年九月には、ポンティアナックでの会議により、北カリマンタン共産党が成立した。一〇月には北カリマンタン人民軍（PARAKU）が結成された〔松村 109、原〕。

「PARAKU北加里曼丹人民軍」という

文字の書かれたワッペンが胸元に縫い付けられてある北カリマンタン人民軍の軍服が、ジャカルタ郊外のルバンブアヤにあるインドネシア共産党関連の博物館に展示されていた。インドネシア軍による掃討作戦によって壊滅状態にあったインドネシア共産党の残余勢力は、西カリマンタンの山地を根拠地として、インドネシア掃討部隊に対する遊撃戦を展開していた。なお最後のインドネシア共産党の戦闘は、一九六八年の東ジャワ・ブリタルでの攻防戦だった。

西カリマンタンの火焔山部隊

9・30事件を経て、六六年末に現地の第一二軍司令区司令官より現地華僑に、居住地区からの移動禁止、小売店の営業停止や商店の開設禁止の指令が出された。現地の華僑は、財産を接収された上に軟禁状態に置かれ、多くの地区で華僑襲撃事件が起こっていた〔人日 1967.1.14〕。

これ以降、西カリマンタンでの華僑迫害が詳細に報じられるようになった。サンバスでは華僑団体責任者が、ブンカヤンでは華僑農民が、強制立ち退きさせられてポンティアナックに連行され、軍事当局により暴行を受けた〔人日 1967.1.28〕。インドネシアはマレーシアとの国交回復を果たし、一九六七年六月から、インドネシア軍はマレーシア軍と共同してゲリラ組織の掃討作戦を展開した。

いっぽうインドネシア軍による掃討作戦によって壊滅状態にあったインドネシア共産党の最後の残余勢力として、西カリマンタンでインドネシア共産党が活動していた。同年初頭に武装闘争路線を採択し、四月、北カリマンタン共産党遊撃隊内部にインドネシア共産党部隊を組み込んだ西カリマンタン・サラワク連合部隊、別名「火焔山部隊（Pasukan Gunung Bara）」が、百名余の革命家によって結成された。まさに山を根拠地とするゲリラ部隊の誕生である〔原 160-72〕。

この遊撃隊にいた人の回想録を見ると、夜は油ヤシの樹脂を燃やして、その光の下で毛沢東の著作や『紅旗報』や政治関係の学習会をしていた。また「火焔山根拠地」という中国語の歌が採譜されている。

「根拠地はよいところ、貧しきも富めるもみなともに、仕事がなければ食べるものがなければ、集団生活でいっしょにやろう、おなかが満ちて強い体で、銃をとって戦場へ、敵に遭ったらすぐに撃て。

根拠地はよいところ、西北の戦士が一堂につどい、銃をとって敵を殺そう、敵を殺せばみな逃げる、西洋人は滅ぶ、スハルトも同じこと、革命大衆はきっと勝つ」〔林等 72-4, 217〕

火焔山部隊は形勢逆転を図り、不足していた銃器を略奪しようとして、七月、サラワクとの国境近くのサンガウレド空軍基地を急襲し武器弾薬を強奪した。これらの山に立てこもったゲリラ部隊をインドネシア当局は「山ネズミ（山老鼠）」と呼んで掃討作戦を行った〔李①172〕。実際にブンカヤンで当時三一歳だった一九三六年生まれの女性に聞き取りをしたところ、山に籠ったゲリラのことを「野鼠（tikus）」と言っていた。ゲリラは逮捕されて国軍の兵舎に拘留されたという。なお、彼女の家庭は反共だったため、追い出されたり避難したりすることなく、ブンカヤンにとどまった〔2015.9.21インタビュー〕。なお、サラワク解放同盟出身で火焔山部隊に参加してゲリラ戦を戦い、六九年にインドネシア軍の掃討作戦で戦死した葉存厚の妻の莉雲の回顧録が出版されている（『懐念』香港・天馬出版有限公司、二〇〇三年）。

西カリマンタン武装蜂起は、サラワクを含む北カリマンタンの華人共産主義勢力との国際共産主義統一戦線の枠組みによる共闘関係で展開された。それは、インドネシア・マレーシア連合の国軍との間で戦闘を繰り広げる、遊撃戦であった。

農村革命の舞台

中国メディアはインドネシア人民による遊撃戦の戦果を、国際ニュースとして大々的に報道・宣伝した。

『人民日報』によると、西カリマンタンのゲリラ軍は各地で戦果を挙げた。その戦法の多くは山林でのインドネシア軍への待ち伏せ攻撃で、六七年七月、シンカワン空軍基地の武器庫を襲撃、八月サンバス、一〇月シンカワンで待ち伏せ攻撃、各地にゲリラ活動拠点を建設、一一月にブンカヤン付近で西ジャワ軍区三二八隊と激しい戦闘、ソンコン地区でインドネシア軍最強部隊として投入された主力軍のシリワンギ師団と戦闘。人民武装団は南・北スマトラ、東・西・中部ジャワ、南・北スラウェシにも拡大し、北スマトラでは六七年一一月、メダン付近で革命武装暴動が発生、六八年二月には前述した東ジャワ・ブリタルの三〇〇名余りの軍警が武装蜂起し人民武装団に投降、三月に西カリマンタンの山区では人民武装団三〇〇人がインドネシア軍を包囲、七月には東ジャワのある密林にインドネシア共産党部隊が要塞を建設した〔人日 1967.10.31、11.22、12.3、12.29、1968.1.13、4.10、5.6、5.24、7.8、周報 1968.1.16など〕。

たとえば『人民日報』一九六七年一二月二九日の記事「世界人民の偉大な領袖毛主席が切り開いた中国革命の道を歩むことを決意――インドネシア革命人民は武装闘争を展開し新たな歴史の頁を開く」では、このように書かれている。

「インドネシア革命は一九六七年に重要な新たな出発となった。インドネシア共産党員と革命人民が全国のいくつかの主な島と農村地区で、革命的武装闘争を始めたのである。インドネシア共産党員と革命人民が結成したゲリラ戦士は、革命の銃声で厳かに宣告した。彼らは世界人民の偉大な領袖毛主席が切り開いた中国革命の道を歩むことを決意し、農民に依拠し、武装闘争を始め、農村革命の根拠地を打ちたて、スハルト－ナスティオン・ファシスト軍事政権を倒し、革命的勝利をもぎ取る。革命武装闘争の盛り上がりはインドネシア革命の征途に新たな偉大な戦闘の序幕が上がったことを物語る。……

ジャカルタの反動紙が伝える記事によると、インドネシア共産党員と革命人民が西カリマンタンで展開する革命武装闘争はすでにかなりの規模となった。数カ月来、彼らは機先を制し反動軍と何度も戦闘をし、西カリマンタンの山中に革命根拠地を創建し始めた。人民革命の武装隊はみずからの活動領域に練兵場を設け、ゲリラ戦士は敵を殺害する訓練を受け、長期戦に備えている。……

目下、インドネシア共産党は都市から農村に入りはじめ、平和闘争から武装闘争への展開のさなかにあって、革命的武装闘争は始まったばかりだ。党と人民は新たな闘いのなかで、厳しい困難に直面している。しかし、われわれの偉大な領袖毛主席が言うように、『革命闘争のさなかのいつか、困難な条件が有利な条件を上回るのは、困難が矛盾の主要面であり、有利が従属面だからだ。しかし革命党員の努力により、次第に困難を克服し、有利な局面を切り開き、有利な局面が困難な局面を上回る』。インドネシア共産党員と革命人民は恐れを知らない英雄戦士で、彼らは厳しい白色テロを撃破し、勇敢に戦う」

これらの記事の情報源については、中国寄りのソースとして、新華社ジャカルタ支局・『貧民火炬報』（現地名不明）、「ジャカルタの反動新聞」としてアンタラ通信・『カミ報』『シナール・ハラパン』『武装部隊報』『アピ・パンチャシラ』『ブリタ・ミング』などがある。

林彪の人民戦争論を実践

この時期に盛んに対外的に喧伝されたのは、林彪が文革直前の一九六五年八月に発表した『人民戦争論』である。そこでは農村に革命根拠地をつくり農村が都市を包囲する形での人民主体の遊撃戦が鼓吹されていた。さらに世界革命としての毛沢東思想の理論化が毛沢東の個人崇拝化とともに強調された。

9・30の失敗でインドネシア全土に広がる共産主義者への粛清と、華人への迫害、さらに台湾‐日本‐アメリカの西側陣営からの攻勢、ソ連の巻き返しなど、インドネシアの可能性としての革命の火は、風前の灯であった。そのさなか、中国は国際的な孤立のなかで、文革の気炎を吐いていた。そこに突如、西カリマンタンの山中から上がった遊撃者たちの狼煙は、文革中国にとって革命武装闘争の烈火さながらに映ったことだろう。中国はこの西カリマンタンの遊撃戦をたたえ、人民戦争論の模範だと大いに国際宣伝をしたのである。

当時北京にいてインドネシア共産党メンバーとして活動していたインドネシア華僑で、現在は香港在住の先述したトム・リー氏への聞き取りによると、当時の北京には亡命者によるインドネシア共産党本部のほかに北カリマンタン共産党の支部もあったという。だが当時の中国報道や、西カリマンタン武装闘争に関わった当事者の回顧録などからは、北京と西カリマンタンとの間での直接の連絡・指示や、党員の往来を示すような確たる証拠は、管見の限り見当たらなかった。

中国はインドネシア共産党幹部を南京の人民解放軍に送り込んだ。9・30事件発生当時、北京には一〇月一日の国慶節を祝賀するために招かれたインドネシア各界人士が五〇〇人ほどおり、中国全土でおよそ四五〇〇人のインドネシア人がいた。事件後、周恩来は帰国を望まないもの、帰国の手立てがないものは、中国にとどまることを推奨し、さらに海外から難を逃れて中国にやってきたインドネシア人がいた。そのうちインドネシア共産党員とそのシンパは、南京にある軍事学院に配置したのだった。

軍事学院は一九五一年に解放軍の幹部や軍事教員を養成する学校として建てられた。だが、文革によって教育機能は停止した。そこで再建されたインドネシア共産党の党員を相手に、毛沢東思想の学習会が開かれたり遊撃戦の訓練が行われたりしていた。訓練はカリマンタンの遊撃戦が終わった一九六八年から六九年にかけて終了した〔Zhou ①56〕。

スマトラ島メダンからのインドネシア華僑難民を乗せた帰国船が寄港する広東省の湛江市と海南島でも、中国に留学したままとどまっていたインドネシア帰国華僑を相手に、インドネシア共産党の幹部養成の訓練がなされた。そのほか、新たにやってきたインドネシア青年の一部は、文革中に紅衛兵組織に加わっていったという〔新生報 1966.12.10〕。だが、彼らをじっさいにカリマンタンはじめインドネシアに送ってゲリラ戦の援軍をさせたという事実は、確認されていない。

ダヤク族との民族紛争で華人追放

サンガウレド襲撃事件により、スハルトはポンティアナックに掃討司令部を設け、ジャワでの「赤狩り」に威力を見せた精鋭のシリワンギ師団の降下部隊を送りこんだ。さらに国軍は、共産主義ゲリラの掃討作戦のために、それまでは通婚や農業を通して華人と良好な関係を保ってきたダヤク人を利用したのである。

当時の『人民日報』の報道によると、事の発端は、インドネシア政府が武装部隊を華僑に偽装させてダヤク人を急襲させ、ダヤク人と華僑との民族衝突を挑発したことにあった〔人日 1968.2.4〕。

この奇妙な事件については、同時期の台湾でも詳しく報じられている。いくつかの資料を複合させて、再現してみよう。

一九六七年一〇月初め、ブンカヤンで華僑名士が地元のダヤクのリーダー七人を宴会に招き、牛を供与するなど歓待した。反共活動が進められていることを恐れた共産党員が、この七人が失踪したとの口実をもとに、ダヤク族にこの正義華僑の家族を殺害させて暴乱を煽動した。そのさい華僑とダヤク族は通婚が進み温情が通じているので、殺害事件があった地区とは別の地区を襲撃するよう、華僑殺害をそそのかした。以後、一一月初めにかけて、ダヤク人二〇〇〇人が決起した。華人即ち共産党だとされ、当地の華人を立ち退かせ、男女老幼を問わず掠奪・放火・殺害をし、一〇〇人の華人が教会に避難したところにさらに焼きうちをかけた。この時点で華僑殺害は報道によれば二〇〇人とも三〇〇人とも四〇〇人とも伝えられる。次第にダヤク人のなかにはインドネシア元首を冒瀆し「民族独立」を叫ぶ者が出てきていた。

一一月二六日には海岸沿いに住むダヤク人五〇〇〇人が集まり、ポンティアナック港ジュンカットでは騒擾事件を起こした。ポンティアナックとシンカワン当局は華人に中文での手紙執筆、華語での会話を禁止した。北平（北京）は西カリマンタン華人迫害事件を報道しておらず、華僑迫害を大いに喚きながらも、この事件については沈黙している。まさに「共匪」陰謀の証である。また中国共産党は西カリマンタン共産党ゲリラ部隊と接触し、潜水艇で武器と物資を西カリマンタンに送っている。

インドネシア華僑はわが政府に救援を呼びかけている。華僑難民はポンティアナックとシンカワンに避難し、救援を待っている。シンカワン華僑の資産はその大半が地元農園のもので、致命的な打撃を受けた。政府は調査団を派遣し、赤十字を通じて緊急の薬品・食糧の輸送をし、五―六万人の華僑難民を救済してほしい（「中共禍僑又一鉄証：印尼西加華僑惨羅浩劫」『海外僑情匪情政情参考資料』第一四号、（国民党）中央委員会第三組編印、1967.12.18（党史館所蔵 556.1–98）、「印尼西加華僑浩劫事件」『僑聯叢刊』（台北）96輯、1968.1.1、「印尼残余共徒発動新暴行惨殺北婆華人」『中央日報』1968.1.12、「我政府琄食米救助印尼加里曼丹僑胞：共匪迫害引起世界注意」『中央日報』1968.2.23 などの文書や記事を組み合わせて再現した）。

別の台湾情報によると、共産党のゲリラ部隊がダヤク人を殺害したのは、インドネシア軍がダヤク人を道案内やスパイとして利用していたことに対抗しようと、ダヤク人に恐怖を与えようとしたためであった。だが、そのことが裏目に出て、華人への報復に煽られたダヤク人が、一〇月二八日に、血の入った茶碗をささげる儀式を合図にして、狂ったように華僑の追い出し、略奪、焼きうち、殺害の暴挙に出たという〔『大中華日報』1968.1.12、『中央日報』1968.2.23〕。

中国側報道によると、インドネシア軍の掃討作戦により西カリマンタンの人民武装勢力は包囲討伐されて収容所に送り込まれて拷問を受け、一九六八年五月初めの時点で西カリマンタンの華僑の難民は数万人、死者は四〇〇〇人に及ぶという〔人日 1968.6.25〕。台湾は六八年初め、現地に食料品・医薬品・現金を送った〔陳 450〕。

中国と台湾の間で西カリマンタン情勢をめぐり国際宣伝戦の様相を呈した。

当時の邦字紙によれば、「密林の首狩族も参加　追及は急ピッチ――共産勢力一層の〝飛石作戦〟大詰め」という見だしで、シリワンギ師団は、このダヤク人の協力を得て西カリマンタンの共産勢力掃討作戦を展開したと報じている。

「弓、ヤリ、刀を持って参加した素朴なダヤク族には、ゲリラもこの地方に定着した華商の見境もなかったようだ。……ダヤク族には殺した敵の肝臓を食べると、その力が乗移るとの伝統が守られているという。現地へはいったAP通信記者も『多数の首のない死体を見た。殺されたのは二百五十人と言われるが、実際はその三、四倍』と報じた。華商は難を避けてポンチアナック、シンカワン、ムンバワなど都会地へ逃げ出したがその数は四万人近いといわれた。それも十一月二十八日付けの KAMI（学生行動戦線）機関紙でも『着のみ着のままの難民は食に困って子供を一キロ当たり百五十ルピア（約三百六十円）で売っている』と伝えている」〔毎日 1967.12.23〕

このダヤク人による現地華僑への迫害事件は、「一九六七年華人追放事件」として知られている。現地先住民のダヤク族による華人集落への襲撃・追放・殺害というエスニック紛争の形態をとったことは、インドネシア他地域の排華とは様相を異にしていたものの、国軍が関与していたということは共通している。

松村智雄によると、真相はインドネシア軍の軍人がダヤク人の首長を郊外に連れ出して殺害し、華人共産ゲリラの仕業に仕立てあげたが、ダヤク人は挑発に乗らなかった。ダヤク人上層部が華人は共産主義者と信じて華人の権益を奪ってダヤク人の優位を確保するために、「赤い椀」と呼ばれる戦争開始の合図を発動したのが追放行動の直接の発端だという。「赤い椀」を受け取る儀式に臨むさい、ダヤク人は赤い鉢巻をつけたため、現地の客家人社会では、この事件を「紅頭事件」と呼んでいる〔松村 129-35〕。

ダヤク人が現地華人の虐殺に加担したわけではないという証言もある。元教員で六七年の西カリマンタンの武装闘争に参加した林世芳という女性が編集した回想録によると、スナキン地区では華人が多く殺されたが、ダヤク人は直接殺害に加担してはおらず、軍の命令によってがんらいの護送先のポンティアナックが内陸の「日本溝」の収容所に変更されて、そこに収容された六〇〇名余りの華人の半数以上が、餓死や病死によって犠牲になったのだという〔林等24-5、『国際日報』2003.9.11〕。

「日本溝」とは実際にある地名で、戦時中にこの地を占領していた日本人がこの辺りに収容所を建てたためにこの地名が付いたという。沼沢地で土地は痩せていて、交通の便が悪い。あるいは一九四三年から翌四四年にかけて、日本軍政下のインドネシアで抗日陰謀計画の嫌疑をかけられて最大規模の検挙者・犠牲者を出したポンティアナック事件に関しての収容施設だったのかもしれない〔後藤①149-79〕。この人煙まれな荒蕪地に急ごしらえの収容所を作って、身ぐるみ剝がされた六〇〇人の華人が押し込められたのである。

追放された華人の難民体験

多くの被害を受け、迫害された華人たちは、内陸の居住地からシンカワンやポンティアナックなどに陸路護送され、一部は船で北サラワクのクチンなどに逃れた。ダヤク族の襲撃では殺害されたのはさほど多くはなかったかもしれないが、在地華僑の家屋や財産が奪われる被害は大きかった。沿岸のシンカワンや内陸のブンカヤンや日本溝において数百カ所設けられた華僑難民収容所で、劣悪な環境に多数の難民が押し込められた。収容所では食糧不足や不衛生からくる餓死や病死による甚大な犠牲者が出たと言われる。

一九三八年生まれのインドネシア華人のジャーナリストの李卓輝によると、西カリマンタンでは一九六七年一一月中旬で三〇〇人の華人が殺され、五万人の華僑が内陸から沿岸に難民となって逃れ、六八年五月時点で一五〇〇名の児童を含む四〇〇〇名ほどが食料や医薬不足のため収容所において死亡した。サンバス県華人難民事務所によると、六八年時点でサンバスとシンカワンで三万五〇〇〇人弱、その他の西カリマンタン五県の難民が約一〇万人、さらに西カリマンタン治安回復司令部が七二年一一月に行った報告によると、強制避難で移住させられた華僑華人総数は九万三〇〇〇人余り、劣悪な環境に多数の難民が押し込められ、収容所で病死したりした犠牲者は一万人近く、損失額は五〇億ドルを上回る〔李①27-31〕。

収容所は収穫したゴムを燻すための倉庫や工場などが代用され、ポンティアナックには五万人を超える難民が収容され、ある収容所では老人や子どもなど八〇〇人が押し込められ、ろくな食事も与えられず、シンカワンには六〇カ所もの収容所が設けられた〔李①56-8〕。

華人追放事件後、二万人余りの難民は海路か陸路でマレーシア・サラワク州のクチン・シブなどに逃れた。またジャカルタには二〇万人もの西カリマンタンからの移民が居住している〔李①74-6〕。

シンカワンとブンカヤンを訪れ、現地の華人にインタビューしたところ、口々に話したのはこの悲惨な難民体験であった。シンカワンの男性（インタビュー当時七〇歳）は、ゴムの伐採をしていて、華人追放事件のおり、住んでいたスバレからスマランタンまで歩き、そこから車でシンカワンに行き、そこで難民収容所に入れられたという。収容所は一つの倉庫で四〇〇人ほどが押し込まれるほど劣悪な環境で、なかには木造草ぶきの粗末な茅屋を難民自らしつらえて住む場合もあったという〔2015.9.22 シンカワンにてインタビュー〕。

また同じシンカワンの男性（インタビュー当時七八歳）は、当時シンカワンに住んでいたので収容所に入れられることはなく、現地で難民を援助したという。難民はゴムを燻す工場に収容された。奥地のゴム園を経営していた華人が追い出されてゴムの樹液を採取する者がいなくなって、シンカワンのゴム産業は衰退したという。収容所は劣悪な環境で、食べるものがなく、小さなカニを食べて中毒になって死んだ人が多数いた。シンカワンには難民が二万人ほどいたが、インドネシア共産党の関係者はその半分にも満たなかった。共産主義者は難民キャンプとは別のところに拘留されていたという〔2015.9.22 シンカワンにてインタビュー〕。

当局の協力者だったためか、ブンカヤンにとどまることができた女性（インタビュー当

シンカワン郊外の丘に広がる華人墓地

時七九歳）は、親戚兄弟は多くシンカワンに避難した。森へ逃げたものは殺され、海岸に逃げたものは安全だったが、「赤い椀」が回されてダヤク人に追い出されて、土地を失ったという〔2015.9.21 ブンカヤンにてインタビュー〕。

シンカワンは人口二〇万人のうち六割が華人で、伝統的な寺が多く、郊外の丘には広大な墓地があって、漢字の墓碑が刻まれた墓石が視界いっぱいに広がっていた。いまはこれといった産業はないが、華人の暮らし向きはそうひどいものではない。というのは台湾・マレーシア・シンガポール・香港の独身男性に嫁ぐ女性が多く、実家に送金をしたり家を建ててあげたりした家庭が多いからだ。華人追放事件によって親や親戚を失った女性が多くいて、海外に嫁ぐことで生計を確保する狙いがあった。とりわけ台湾にはシンカワン出身の女性が多く、香港などと併せて一九七一年以降、三万人以上もいるという〔李 ①90-1〕。

がんらい多島国のインドネシアのなかにあって、西カリマンタン華人たちは、その巨大さと人跡未踏の密林ゆえに、開発からとり残されるようにして、首都ジャカルタから遠く離れて、ひっそりと慎ましやかに小農園のコミュニティ、あるいは沿海都市部の商店の小さな消費圏のなかで暮らしてきた。9・30事件後の「赤狩り」が全土を震撼させたときも、追及の手は伸びることはなかった。むしろ祖国中国からの政治宣伝や、サラワクからの遊撃戦士たちと反マレーシア連合のつながりで、共産主義にはシンパシーを感じていた。

しかし、たまたまそこがゲリラ活動の拠点となったために、それまで友好的な関係を保ってきたダヤクの人びとの襲撃の的となった。さらにその背後で糸を引く国軍によって故地を追われ、住み慣れた土地を奪われ、なけなしの資産は置き去りにされて、沿海部の粗末な収容所に閉じ込められた。あるものは劣悪な衣食住環境のなかで餓死し病死し、家族と引き裂かれ、職を奪われた。政治とは無関係に生きてきた人びとが、ある日突如として政治に翻弄されるだけの悲惨な人生への転落を余儀なくされたのである。

遠距離革命として

ここで9・30クーデターとその失敗、さらに二年後の西カリマンタンでの武装蜂起にいたる動きを、革命という視点から振り返ってみよう。

インドネシアの場合は、スカルノ大統領と毛沢東・周恩来・劉少奇・陳毅らとの首脳外交を通して、あるいはインドネシア共産党と中国共産党との国際共産主義運動統一戦線の枠組みによる党際外交を通して、首脳・党・国家間の蜜月関係が建国以来維持されてきた。インドネシア共産党の政治路線や革命運動において、あるいは9・30クーデターのシナリオにおいては、中国共産党から示唆・指導と物質的かつ精神的援助を受けながら、インドネシアという場所で、革命的実践が企てられた。

両者を隔てる距離は遠いけれども、双方の関係は直接的である。それは両者が同じ第三勢力にあり、西側の資本主義勢力や植民地化勢力と闘って民族解放を目指すという同志的結合関係にあったことによるものである。その意味でインドネシアの革命は、いわば「遠距離革命」ともいうべきタイプである。ここで「遠距離」とは、本国から遠くへだてられながらも、政治・経済・社会体制において連続性を保ちながら、本国以上に純粋で過激な革命が演じられることを言う。ベネディクト・アンダーソンの「遠距離ナショナリズム」

〔アンダーソン 126-7〕を踏まえた表現である。本国から発信し遠隔地で生起する、本国さながらの、本国よりも激烈な革命である。

それまでナサコム体制下で最大政党の国民党と協力関係にあり、イスラーム政党とならんで勢力を三分していたインドネシア共産党は、議会主義を捨てて、一挙に政権を奪取するという野望のもとに、陸軍のクーデターという方法をとった。しかし同じ陸軍の優勢を占める反共勢力によって鎮圧され、スカルノは実権を失い、反対勢力のスハルトの政権奪取という結末を招いた。

毛沢東はこれを、武装闘争による革命路線からすれば不徹底な革命として批判した。毛沢東は第4章で述べたように、9・30運動失敗の教訓を活かして、一年後に発動した文化大革命では、権力内部の闘争ではなく、下からの大衆動員方式という新たな方式を採り入れた。それによって劉少奇をはじめとする実権派からの奪権闘争、いわば宮廷内クーデターを成就させた。

西カリマンタン武装蜂起はさらに過激な形態をとった。人民が根拠地に籠って軍を組織し、武器を奪って、遊撃戦を仕掛けたのである。しかし国軍の掃討作戦によって鎮圧され、共産主義者以外の華僑華人もまた犠牲になった。中国は武装蜂起を支持し、国際世論でその偉業を讃えた。だが、9・30事件失敗後と同様に、インドネシア共産党の解体、在地華僑の迫害と排斥という、最悪の結末を招いた。

毛沢東が国際社会に向けて呼びかけた世界革命の妄想は、革命を輸出された側には社会秩序の動揺、伝統的価値観や道徳観念の否定、暴力是認の気風を醸成し、結果として破壊《カタストロフ》と混乱《カオス》をもたらしただけだった。

第8章　革命無残
——ユートピアの終焉

革命が描いた社会主義の夢は
すっかり萎んでしまった
高度資本主義が世界を覆っているが
明るい未来社会は見えてこない

インドネシア軍の掃討作戦で鎮圧

西カリマンタンの武装蜂起は、短期間で終息した。インドネシア軍の精鋭部隊が、鎮圧のために現地に送り込まれたからである。一九六七年七月のゲリラ隊の奇襲攻撃を受けて、八月以来、西カリマンタンの武装勢力に対して、インドネシア軍は、ジャワ・スマトラから九〇〇〇人の兵力を送りこんで鎮圧に当たっていた。さらに、サバ・サラワクのマレーシアへの編入に反対する勢力を抑えたいマレーシア軍との共同軍事掃討作戦を展開した〔人日 1968.6.11,7.25〕。

この合同作戦が採られる背景には、インドネシア共産党とマラヤ共産党との友党関係があり、局地的には北カリマンタン共産党とインドネシア共産党との軍事協力関係があり、さらにその背後で革命外交を展開した中国共産党の存在があった。

いっぽうサラワク人民遊撃隊とインドネシア共産党部隊の連合部隊・火焰山部隊はといえば、奇襲作戦は成功したものの、連携はうまくいかず、国軍の掃討作戦によって、西カリマンタン武装闘争は大打撃を受けた。9・30事件後のスハルトの排華政策によって華人系の学校は閉鎖された。

多くの華人青年は不満と激情に駆られて、革命やゲリラ部隊に身を投じた。山に立てこもったゲリラ戦士にとっては、地元の華人たちの用意してくれる食料が命綱だった。だが華人追放事件によって、地元の華人たちは殺されたり追い出されたりした。根拠地の魚たちは、人民という海を失ったのである。ゲリラ部隊は沿海一帯に活動の拠点を移し、スハルト反対のビラなどを配布するなど地下活動に入った。それが、かえって当局の眼につき、逮捕され拷問を受け、自白によって組織は解体していった。

火焔山部隊のリーダーで西カリマンタン出身のソフィアンは、一九七四年一月、掃討軍に取り囲まれ、銃殺された。

ゲリラ戦士たちの九年にわたる闘争は失敗した。

失敗の原因について、遊撃戦士側の記録ではこう総括する。

「主観原因：革命理論の認識が浅薄で、政治的には左傾日和見主義で、明確な闘争綱領を打ち出せず、銃をとれば政権が生まれると思い込んでいた。

客観原因：スハルト政権の強大な力により組織内部に多くの裏切り者を出し、捕捉されて変節者となり、簡単に逮捕・殺害されて革命者がいなくなった」〔林等 213〕

サラワクのゲリラは北の国境を越えてサラワクに戻った。残されたインドネシア共産党ゲリラ組織は一九七三年には壊滅した〔原 160-72〕。

スカルノの晩年

首都ジャカルタはどうなったのか。

9・30事件後は、まだ政軍界にはスカルノの残存勢力が隠然たる勢力を持っていた。一〇月一四日に陸相兼陸軍参謀長となったスハルトが徐々にスカルノの絶対的権力を切り崩し、インドネシア社会各界の共産主義勢力を人事や検挙によって殺いでいった。

インドネシアへの経済支援策を推進した日本もまた、かねてから川島自民党副総裁や斎藤駐インドネシア大使など、「建国の父」スカルノへの個人的な親近感から、インドネシアの政治的安定のために、スカルノの役割を期待していた。そのいっぽうで、スハルトの反共主義を支持した。

スハルトは一九六六年三月一一日、腹心の陸軍将軍による圧力をスカルノにかけ、必要とされる一切の措置をとる大統領権限をスハルトに移譲する、「三・一一命令書《スーパースマル》」を作成し、スカルノに署名させた。即座にスハルトは、インドネシア共産党を禁止し、容共派大臣を逮捕・拘留し、スハルトを支持する陸軍最強師団のバンドンのシリワンギ師団をジャカルタに進駐させ、スカルノの大統領親衛隊を解散させた。

ところが、この命令書、その真偽のほどすら定かではない。オリジナルの文書がいまだにみつかっておらず、あるのは幾つかの形式が不ぞろいな複製のみである〔倉沢 ③85-104〕。

邦字紙はこの日の出来事を、「一種の無血クーデター」という見出しをつけ、「九・三〇事件以来の同国内政治の力関係の変化が、いまや決定的なところに至ったことを物語っている」と論評した〔朝日(夕) 1966.3.12〕。さらに識者の対談では「崩壊したスカルノ体制――経済への無策たたる　民心も大統領から離反」との見出しがつけられた〔読売 1966.3.13〕。

反スカルノの攻勢が強まるなか、スカルノは国軍の支持者を集めて巻き返しを図ろうという動きを見せた。

翌年一月半ばから、陸軍指導部とアダム・マリク外相は、スカルノみずからがスハルトへの政権交替、共産党非難声明を発表し、インドネシアからの出国を諒承させるというスカルノの心理を動揺させる作戦をとった。

この要請に応じて、スカルノへの説得にあたったのが、スカルノの特使、鄒梓模であった。すでにスカルノの政治生命は終わっていて、民心も離反していることを悟っていた鄒は、スカルノの殺害と内戦を回避し、スカルノ個人の生命を守るためには、スカルノの信頼を保った自分にしか、その任務は全うできないだろうと考えた。

スカルノとの二人きりの会談は、二週間にわたり一三回に及んだ。その間、スカルノのいるムルデカ宮殿は陸軍憲兵隊によって完全に包囲されていて、幽閉状態に置かれていることに、当のスカルノ自身は気づいていなかった。二月二二日、スカルノはとうとう承服して、スハルトに公式に権力を移譲する式典が行われた。スカルノは国外追放は免れたものの、四月末、ジャカルタのムルデカ宮殿から追い出され、半年後にはボゴールのムルデカ宮殿からも追い出された。

一九七〇年六月二一日、スカルノは幽囚の余生を送っていたジャカルタ市内のデヴィ夫人邸（ヤソウ宮殿）で、六九歳の生涯を閉じた。遺骨は母の郷里である東部ジャワのブリタル市郊外の母の墓地に並んで葬られた。イスラーム式の小さな石を敷きならべ、標識となる石を置いただけの質素な墓だった〔鄒②31-82〕。

スカルノの訃報に接した周恩来は、ハルティニ夫人とデヴィ夫人あてに弔電を打った。「スカルノ博士の逝去にあたり、謹んで深い哀悼と心からの慰問を表明します。どうかお力を落とさないよう、お国のために哀悼します。スカルノ博士はインドネシア人民が民族独立を勝ち取ることを指導した大統領です。彼はバンドン会議を開いてアジア・アフリカ人民の団結と反帝国主義の事業を促進することに貢献しました。彼はインドネシアが国連を脱退することを宣布し、国連が少数の大国が操り弄ぶ場所になっていることを明らかにしました。これらはすべて、インドネシア人民とアジア・アフリカ各国人民にとって忘れることはできません。インドネシア反動勢力は、一時の現象にすぎません。われわれは、インドネシア人民がついにアメリカ帝国主義とその走狗であるファシストの支配を打倒し、真の独立と解放を獲得する日の来ることを確信します。周恩来一九七〇年六月二七日北京にて」〔人日 1970.6.28〕

９・３０事件については、「インドネシア・スハルト・ファシスト軍人集団が、ＣＩＡの策動を受けて起こした反革命クーデターであり、スカルノ大統領の権力を簒奪し、軟禁状態に置いた」とのみ記した〔同上〕。

インドネシア束の間の春

ここにあらためて、９・３０事件のもたらした世界史的なインパクトについて、思いをめぐらせてみたい。

インドネシアは建国・独立以来、中国と正式な国交関係を維持し、中国はスカルノ大統領との親密な関係を強固にし、インドネシア共産党を物心両面で支えてきた。共産主義者による政権奪取のためのクーデターの失敗は、非共産主義圏のなかで最大党員を擁するインドネシア共産党の解体、中国との外交関係の凍結、全土に吹き荒れた共産主義者への虐殺と社会暴力、国内の華僑華人の迫害など、動乱と破壊をもたらした。

共産党員が根こそぎ殺害され検挙拘束されるなかで起こった西カリマンタン武装蜂起は、民族紛争という形をとりながら、実質的には国軍によってまたたく間に鎮圧され、共産主義勢力はインドネシアから一掃され、人民蜂起による革命の達成という夢想を悪夢に変えてしまった。

スカルノの推し進める容共的で反帝国主義的な政策は、スハルト政権下で、反共的な開発独裁へと転換した。9・30事件そのものはインドネシア国内のクーデターであるが、事件はそれまでの世界潮流を大きく不可逆的に変える潮目となった。まさにスカルノからスハルトへの体制転換《レジーム・チェンジ》であり、スハルト政権の国是は「新秩序《オルデ・バル》」であった。

9・30運動の失敗は、第二回AA会議の流会が象徴するように、反帝国主義・反植民地主義のために非同盟の新興独立諸国が連合するという「バンドン精神」の瓦解を意味した。一九五五年のバンドン会議の翌年に顕在化した中ソ対立によって、社会主義圏内部の結束が崩れて統一戦線が乱れ、中印の蜜月関係は対立・紛争の局面へと転化した。このころからすでに、「バンドン精神」なるものは崩れ始めていたのである。

事件の結果、中国は、インドネシア華僑難民を受け入れ、国内メディアでスハルト政権をファシスト軍事政権と非難した。台湾を拠点に日本やアメリカが加わってのインドネシアへの経済支援への動きに対しては、アメリカ帝国主義・台湾の反動勢力の陰謀だと批判することしかできなかった。北京で再建させたインドネシア共産党には、インドネシア国内の革命運動への直接的支援をする効力はなかった。中国の国際的孤立は決定的なものとなった。

しかしながら、体制を転換させたスハルト政権もまた、長期政権は維持したものの、安泰のままではいられなかった。

一九九七年七月にタイ・バーツの下落に端を発し、即座にアジア諸国に連鎖していった。この金融危機は、インドネシア・ルピアの下落を招き、金融危機と信用不安を招いた。インドネシア社会はインフレと失業にあえいだ。

一九九八年三月に七選を果たしたスハルト政権はＩＭＦの四〇〇億ドルの借款支援を仰ぐほかなかった。スハルトの威信は低下し、汚職と腐敗にまみれたスハルト・ファミリーへの国民の怨嗟が高まった。

五月一二日、トリサクティ大学での学生デモに端を発し、学生たちはスハルト打倒を叫んで政府機関に抗議の声をあげた。だが、この学生運動は、翌日から首都を中心に華人を狙った暴動事件へと様相を一変させた。暴徒たちはスマトラ島やジャワ島各地で華人たちの商店や農園や住宅を襲い、財産を強奪し、婦女を暴行した。ある統計によれば、ジャカルタだけでも一一九〇人が焼死、二七人が銃撃その他で殺され、九一人が重傷を負った。破壊された建物は一万近く、二・五兆ルピアの損失であった〔黄282-9〕。

この一九九八年の民主化潮流がスハルト体制を打倒し、インドネシアの春を告げた。華人文化は尊重されるようになり、政府の締めつけや、あからさまな嫌がらせはなくなり、華人政策は好転した。

だが、現在のジョコ・ウィドド政権にいたってもなお、9・30事件が共産主義者の陰謀だったとするスハルト以来の枠組みそれ自体は改変されていない。反共の国是も揺らいではいない。

とはいえ、事件から半世紀を閲《けみ》して、ようやく事件とその後の大量死に関わる歴史の悲劇に対するタブーが取り除かれつつある。インドネシア政府は二〇一六年四月一八日、政府関係各部署責任者と被害者の生存者を招集してのシンポジウムを主催した。

だが、このイベントが真相究明のための調査に向けてのきっかけとなりうるかどうかは、今後の推移を見守るしかない。現時点では、国民から共産主義への恐怖と憎悪は消え去っておらず、国民和解への道は、依然として遠いと言わざるをえない。

スハルトが打倒され、民主化潮流がインドネシアの春の到来を予感させたとしても、スカルノ時代末期にすでに堆積されていた「バンドン精神」の瓦礫は取り除かれていない。

紅衛兵運動のエスカレート

さて、文革発動後の本国・中国ではどうなっただろうか。

文革については、これまで研究書・通史・概説書の類は、中国のみならず日本でもアメリカでもたくさん出されている。体験者とりわけ受難者たちの記録や文革を題材にした小説の類も数多い。それらの業績や作品を踏まえて、あらためて文革一〇年の歴史をここに採録することは、紙幅が許さないし、その煩に堪えない。その作業はまた、結局のところ文革の発生から国内混乱を経て四人組逮捕にいたるまで、中国一国内の出来事として一連の過程をたどるという、従来の文革十年史の語りをなぞるだけで終わってしまいかねない。すなわち文革は中国共産党首脳部の路線対立に伴う権力闘争を内因として発動され、国家指導層から末端組織に至るまで、権力闘争が過激化し、混乱が拡大していったというストーリーである。

世界史としての視点から文革を捉えなおそうという本書の立場としては、本国での文革の動きを追いながら、国外の情勢や動向にも目配りをしてきた。文革の展開をグローバルな国際情勢の観点から鳥の眼で眺め、同時に文革を発動させリードしてきた毛沢東の視点から虫の眼で眺めるという複眼的アプローチを、ここでもとることとしよう。

紅衛兵運動はまたたくまに全国に広がり、「破四旧」を叫んで古い建物や文物を破壊し、人びとをつるし上げたり暴行したりして、各地で混乱と暴力の風潮がエスカレートしていった。学生だけでなく、労働者や軍内部にまで「造反派」を名乗る集団が徒党を組んで、敵対する勢力や、好ましく思わない人を、「保守派」「走資派（資本主義の道を歩む実権派）」などと名指しして、武闘抗争を繰り返した。

武漢では一九六七年七月、労働者と軍隊の過激化した造反組織「三新二司」「三司」と、それを抑えようとする武漢軍区の保守派の組織「百万雄師」が、武器をとっての大衆抗争となった。毛沢東自らが武漢に赴いて事態の鎮静化を図ろうとしたが、北京から派遣された中央文革小組の王力らが「百万雄師」に拘束されるなど、事態が緊迫化し、危険が迫った毛沢東は武漢を脱出して上海に逃れた。林彪は中央文革小組を開いて武漢の抗争を「七二〇事件」と呼び、これは「反革命暴乱」だとして、軍を出動させて「百万雄師」を解散させた〔年譜6、101-5／1967.7.18-7.24〕。文革の派閥抗争が内戦状態にまで高じたのである。

武闘と批判の連鎖が止まらず、党・学校・職場と範囲が広がり、中央から地方・周縁へと拡大し、闘争の手段や方法が過激化していった。階級闘争によって「走資派」を抉り出し、自己批判を迫り、粛清するという行為が、派閥の亀裂を生み、分派抗争の様相を呈していったからだった。

中国は外国との外交関係が断たれ、鎖国状態に置かれていたため、そもそも資本家やブルジョアジーが暗躍する余地はなかった。資本主義・帝国主義勢力との闘争を叫びながらも、国内では展開しようがなかったのである。そこで、闘争と打倒の対象として人民内部に敵を見つけ、あいつは「走資派」だから人民の敵だと名指しすることで、自己正当化のあかしとし、粛清に加担することで革命への忠誠を行動で示そうとするのであった。

では打倒すべき敵とは誰なのか。それはつまるところ、各人の出自は何か、出身階級は何かということで決定する。出身階級を証明するのは、個人の身分証書として一生涯消せない文書としてつきまとうことになる「檔案」である。檔案に記載された階級区分は、文革期に、人びとによって革命的階級とされた労働者・貧下中農・革命幹部・革命軍人・革命烈士出身の「紅五類」と、非革命的階級とされた地主・富農・反革命分子・悪質分子・右派分子出身の「黒五類」に分けられた。「黒五類」は打倒・差別・虐待の対象とされることとなり、出身血統論が文革の暴力を正当化した。

この出身階級一辺倒主義を告発した文章を発表した遇羅克は、「反革命分子」として処刑された。そのいっぽうで血統主義を批判する一派が分派闘争のなかで勢力をもち、さらにいっそう抗争が激化していくのであった〔加々美 49-102〕。

紅衛兵の下放・革命委員会・兵営国家化

事態の混乱を鎮静化すべく、中共中央は一九六七年三月、「全国の経験大交流を停止する通知」、九月、「人民解放軍の武器装備・各種軍用物資を略奪してはならない」という指令、同月「地方から経験交流で北京にいる学生や関係者を即座に戻すことについての緊急通知」を出した。翌年七月、労働者・解放軍が清華大学に入り、紅衛兵組織を制圧した。

毛沢東は北京大学の聶元梓《ニエ・ユアンズー》、清華大学の蒯大富《クアイ・ダーフー》など、造反派リーダーを呼んで北京の大学での紅衛兵の武闘と分派抗争による破壊行動をやめるよう説得した。一二月、毛沢東は「知識青年は農村に行き、貧下中農の再教育を受けることが必要だ。都市の幹部は小中高大学の学生を田舎に送るように。各地の農村は彼らを歓迎しなければならない」と指示、全国に下放運動が巻き起こり、町中から紅衛兵は一掃された〔年譜6、223／1968.12.22〕。「大民主」の号令で、大いに議論し壁新聞での主張を通して大胆な党批判を許された紅衛兵たちであったが、下放運動によって、一七〇〇万人もの知識青年が農村に追いやられた。

紅衛兵組織に代わって文革の奪権闘争を推し進めたのは、既存の共産党組織を壊して新たに全国各省・各都市に組織された革命委員会だった。そのきっかけとなったのが、一九六七年一月五日、上海の労働者革命造反派による上海市党委員会から奪権した上海コミューンであった。毛沢東は上海コミューンを絶賛した。

一月末から、黒竜江省を皮切りに翌年八月にかけて、全国に革命委員会がつくられた。毛沢東は革命委員会組織を「革命幹部代表・軍代表・革命大衆代表の三結合」によって構成されると『人民日報』『解放軍報』（ともに三月三〇日）、『紅旗』（六七年五期）などに書き、革命委員会の組織化の方針を示した。特に重要なことは、軍を組織に組み込むことによって人民解放軍が統治の前面に出て、紅衛兵を中心とした奪権闘争による社会の破壊と混乱を抑制することにあった。

毛沢東は一月、林彪に解放軍を派遣して左派の広範な大衆を支持し、反革命分子は鎮圧せよと指示、三月、中央軍事委員会は人民解放軍が左派・農業・工業を支援し、軍事管制と軍事訓練を行う（「三支両軍」）決定を通達した。兵営国家への道である。

全土に大動乱を巻き起こした紅衛兵が消えて、人民解放軍が混乱の統制の前面に立つことで、事態は鎮静化したわけではなかった。この兵営国家化によって、文革の犠牲者はさらに増加の一途をたどったのである。

アメリカの現代中国研究者、アンドリュー・ウォルダー・スタンフォード大学教授の学生で共同研究チームのメンバーでもあった谷川真一・神戸大学教授によると、ウォルダーら文革研究チームは文革後に実態調査をした各地方政府がまとめた二二一三冊の県誌・市誌をデータ化した。その推計によると、文革が原因で死亡した人は一一〇万から一六〇万人で、何らかの迫害を受けた人は二二〇〇万から三〇〇〇万人とされる。さらに死者数の七四パーセントは政府による弾圧の犠牲者で、大衆組織間の武闘による犠牲者は二一パーセントにとどまる。この大半の犠牲者は、六八年以降、軍主導のもとでの革命委員会が置かれ、軍が率先して武装しての弾圧・粛清運動がなされたことに起因するという〔谷川〕。

またさらに革命委員会成立後、粛清は中国の周縁地域に広がり、内モンゴル・チベットなどで凄惨な暴力・虐殺事件が民族弾圧、あるいは民族浄化の形をとって展開していった。このあたりの実態については、内モンゴル出身の静岡大学教授・楊海英（大野旭）の一連の研究に詳しく述べられている（『墓標なき草原――内モンゴルにおける文化大革命・虐殺の記録（上下）』岩波書店、二〇〇九年、『続墓標なき草原』岩波書店、二〇一一年など）。文革発動五〇周年を記念して雑誌『思想』で特集された「過ぎ去らぬ文化大革命――五〇年後の省察」においても、湖南省・チベット・内モンゴルの事例を含む、グローバルかつローカルな視点からの研究成果がまとめられている。

かくて、造反派・革命派・実権派・工作隊などさまざまな派閥や徒党が入り乱れて、血で血を洗う抗争が各地で繰りひろげられた。一見それはイデオロギーをめぐる対立のように見えて、実は「やらなければ自分らがやられる」という恐怖の連鎖が暴力を拡大させ過激化させエスカレートさせていったというのが現実だったと思われる。

それはあたかも、9・30事件のあと、インドネシア全土で「赤狩り」が行われたときの状況と似ている。ある日、警察あるいは軍によって密かにか公然とかはいまだに判然としないが、共産主義者の名簿がまわされて、あの家は共産主義者の家だということになると、隣家だろうが親戚だろうが公然と殺しが行われる。まさに社会暴力による虐殺である。このような状況下での共通の言葉は、殺される側も殺す側も「やらなければやられる」である。

こうして恐怖と粛清の連鎖が生まれていった。

劉少奇、非業の死

文革の本質は権力闘争にあり、その最大目的は劉少奇の打倒と実権の剝奪にあると言われてきた。そうだとするならば、江青ら文革小組が手先となって、劉少奇を「中国のフルシチョフ」として鄧小平とともに激しく非難し、紅衛兵組織が劉少奇を何度もつるし上げ、市中引きまわしてみせしめをし、拷問して監禁することで、すでに決着はついていた。

一九六八年一〇月、中国共産党は八期一二中全会で劉少奇を党籍剝奪・職務解任した。解任の理由の一つが、六三年四月一二日―二〇日に陳毅外相と行ったインドネシア訪問にあった。そこで劉は、毛沢東の「銃口から政権が生まれる」、林彪の「政権を奪取するにはペンと剣に拠る」の原則に背き、平和主義を説き、階級闘争消滅論・合法闘争・議会路線を鼓吹したとされた。記録映画『インドネシア訪問』がその証拠品とされた。

「この映画を通して中国のフルシチョフ劉少奇は出国訪問の機会を利用して『議会の道』を必死に鼓吹し、フルシチョフ修正主義の密輸品を大いに売り払い、狂ったように反党反社会主義反毛沢東思想の罪悪活動を推し進めた。映画のなかの多くの事実は、劉少奇という党内最上の走資派は、アメリカ帝国主義・ソ連の現代修正主義の走狗であり、反動派の共犯者であることを示している」〔人日 1968.11.27〕

「大叛徒・大裏切り者・大悪人の劉少奇は自ら戦場に赴いて反動映画『インドネシア訪問』を制作し、恥知らずにもインドネシアのブルジョアの代表人物を美化し、その上アメリカ帝国・ソ連修正主義が育てた反革命武装・シリワンギ師団を大絶賛した。このインドネシア・ブルジョア右派の『銃口』に対して劉少奇は称賛を惜しまず、映画の字幕で『インドネシア人民の理想を実現する』『革命の道具』だと持ち上げた。インドネシア革命の人民大衆に対して劉少奇は嘘丸出しの宣教師のような面構えをして、人民が銃をとって反動政権を転覆することをみとめず、『合法闘争』『議会の道』を鼓吹して、武装闘争に反対した」〔人日 1968.12.12〕

建国以降、西側で唯一最大の友好国として蜜月の首脳外交と、共産党同士の党際外交を続けてきたインドネシアとの関係は、9・30事件の失敗によって、一気に暗転、外交の中断を招き、在インドネシア華僑華人の迫害、インドネシア共産党の非合法化、党員の粛清、党の解体をもたらした。

毛沢東はクーデター失敗は準備不足で方法が間違っていたためだと不満だった。インドネシア共産党は北京で反ソ・武装闘争の路線を打ち出し、それまでの議会主義を自己批判した。それらの失敗をインドネシアへの誤った革命指導によるものとして、インドネシアを公式訪問した劉少奇にすべての責任をおしつけた。そのことで、インドネシアとの一五年に及ぶ蜜月の関係をもご破算にしたのである。

劉少奇は移送先の河南省開封で翌六九年一一月一二日、適切な処置も施されないまま息を引き取った。

文革の所期の目的はかくして達成された。

しかし文革の混乱はこれで終息したわけではない。

中国共産党によって劉少奇の名誉が回復されるのは、文革が終わり、改革開放政策に舵《かじ》を切ったのちの、一九八〇年二月にいたってのことであった。同年五月に追悼大会が催された。遺骨は生前の故人の意思に従い、王光美夫人ら親族によって海に散骨された。

中ソ紛争と第九回党大会

一九六八年に入って東欧の社会主義圏に変化が訪れた。チェコスロバキアでドプチェクが共産党第一書記に就任し、「人間の顔をした社会主義」を提唱すると、学生たちが民主化要求に立ち上がり、ハベルら知識人たちは一党独裁打破を公然と主張するようになった。とうとう八月二一日、首都プラハにソ連軍を中心とするワルシャワ条約機構軍の戦車が侵攻、五〇万の外国軍隊兵士が全土に展開した。周恩来は「ソ修裏切り者集団は、とっくのむかしから、社会帝国主義と社会ファシズムになりさがっている」とソ連を「社会帝国主義」だと名指しして批判し、チェコスロバキア人民の闘争を支持した〔周報 1968、34号〕。毛沢東はソ連のチェコスロバキア出兵について、幹部首脳の前でこう発言した。

「チェコスロバキアに出兵するのは欧州の平和維持のためであって、ソ連が出兵しなければ平和ではなくなり、東欧の平和が保たれなければ脅威は大きいだろうか。米ソが欧州をめぐって争奪をし、両家が争奪するのに対して、われわれは人民を獲得する。われわれは人民に思いを寄せ、人民の側に立つ。学生はもともと橋渡しの役割なのであって、〔一九一九年の〕五・四運動も、〔一九三五年の〕一二・九運動もそうだった。本当のマルクス・レーニン主義政党は、党員の多寡によるのではない。マルクス・レーニン主義党でありさ

えすれば、必ずや勝利するのだ」〔年譜6、185／1968.8.22〕

一九六九年三月二日、中ソ国境ウスリー江の珍宝島（ダマンスキー島）で、中ソ両軍が武力衝突し、中国側に多大な損害が出た。アメリカ帝国主義とソ連修正主義という二つの大国を敵に回していた中国は、ソ連の核兵器を含む軍事的脅威に直面した。それでも毛沢東はこのときはまだ、「われわれの目前の前途には二つある。一つは世界革命を促す運動が高まり直接革命の形勢に向かっている。もう一つは帝国主義と修正主義が第三次世界大戦を発動する。われわれは世界革命運動を支持し、さらに重要なことは戦争に備えることだ」〔年譜6、234／1969.3.15〕と意気軒高だった。

珍宝島事件直後の四月一日、中国共産党第九回大会が開かれた。林彪副主席が政治報告を行い、革命委員会の勝利、解放軍の貢献、毛沢東思想の普及など、文革の成果を強調した。さらに世界戦争の可能性について、「アメリカ帝国主義とソ連修正主義が大規模な侵略戦争を発動する危険性を決して軽視してはならない」「われわれは十分な準備をしておかなければならないし、彼らがしかけてくる大規模な戦争、早期の戦争、通常兵器による戦争、核兵器による大戦に備えなければならない」とした。大会で採択された党規約には、「林彪同志は、毛沢東同志の親密な戦友であり、後継者である」と明記された。

八月末から全国各省各市に人民防空指導小組が置かれ、地下防空壕を掘る大衆運動が広がった。一〇月、中共中央政治局会議は、ソ連の軍事的襲撃に備えて北京の党と国家の指導者に疎開するよう通知を出した。林彪は秘書を通じて毛沢東の批准なしに、北京の総参謀長の黄永勝に「戦備を増強し、敵の急襲を防ぐ緊急指示」を電話で伝え、全軍が緊急戦争準備態勢に入った。毛沢東は周恩来から渡されたその電話メモを見たあと、みずから焼き捨てた〔年譜6、271／1969.10.18〕。

世界戦争の臨戦態勢に入らんばかりの中国であったが、取り巻く世界情勢は、大きく変わりはじめていた。

アメリカのベトナム戦争は依然として泥沼の様相を呈して続いていた。戦況の変化は一九六八年に入ってからだった。一月末の旧正月に南ベトナム民族解放戦線・北ベトナム軍がサイゴンや主要都市に全面攻撃を仕掛けた（テト攻勢）。米軍は三月末から北爆を停止した。ジョンソン大統領は、兵力を増強し六七年には五〇万人を超えるほど膨れあがるまで戦争を拡大させてきたが、来たる大統領選への不出馬を表明し、北ベトナムとの和平交渉を模索した。六九年末頃からパキスタンルートやポーランドルートを通して、ニクソン大統領が中国との接触を探っているとの動向が伝えられた。

いっぽう林彪は、毛沢東の個人崇拝と毛沢東思想のドグマ化をもくろんで、一九七〇年八月の第八期二中全会の講話で「毛主席は天才だ」と持ち上げ、毛沢東の不興を買った。

さらに陳伯達は「エンゲルス・レーニン・毛沢東が天才であることの語録」をまとめた。二人の狙いは憲法を修正して国家主席の設置を加え、いずれ林彪が国家主席になることにあった。

毛沢東は国家主席を設けないと改めて言明し、「私の若干の意見」を書き、林彪・陳伯達の天才論を批判した。毛沢東は周恩来を通して林彪一派の奪権の底意に気づき、野望を挫こうと動き、陳伯達整風運動を全党全軍で展開した。林彪・陳伯達打倒には康生・江青ら四人組一派が加担した。

米中接近へ

毛沢東はアメリカの変化を感じ取り、ソ連修正主義批判を強調しつつ、アメリカ帝国主義批判のボルテージを弱めた。また、それまでの世界革命論を声高に叫ぶことに躊躇するようになった。一〇月に釣魚台で北朝鮮の金日成と林彪・周恩来・康生・黄永勝・李先念ら同席で会見した際、国際情勢についてこう述べた。

「アメリカというのは管理するところがとても広すぎて、アジアも欧州も中東もアフリカもラテンアメリカも本国人も管理しなければいけない。いま世界大戦の可能性はやや少ないのは理由があると思う。つまり帝国主義が世界大戦を仕掛ける自信が足りないのだ。アメリカの力はかなり大きいが、押さえておくところが広すぎて、力を集中できないから、問題が解決できないのだ。戦争をしようとすればアメリカに頼る。戦争をすると機に乗じて革命をするところが出てくる。第一次大戦ではソ連が現れたし第二次世界大戦ではわが国が現れた。いま戦争を仕掛けないということは断定できない。総じて言えばアメリカ人は進退窮まっているのだ。退こうとしても退きたくない、戦争をしようとしてもできない」〔年譜6、344／1970.10.8〕

ベトナム戦争におけるアメリカを念頭に置いた発言である。

毛沢東もアメリカへの接近に動いた。

そのシグナルとして一九七〇年一二月、エドガー・スノーを中南海の私邸に招いた。スノーは一九三六年、延安で毛沢東に会ってロング・インタビューをし、有名な『中国の赤い星』を書いたアメリカ人ジャーナリストだった。会談のニュースは『人民日報』で報じられ、天安門楼上でのツーショット写真が掲載された。だがスノーは中国が期待したほどアメリカの政界に影響力がある人物ではなく、報道は目立った効果を示さなかった。

直接の意思表示は、思わぬ形でアメリカ側に届いた。

一九七一年三月、名古屋で世界卓球選手権が開かれた。そこに中国は選手団を送ることを決定した。中国側にとって選手派遣は、「厳粛な国際闘争であり、日本反動派に向けて初めて日本の大衆を動員して中日友好の発展を誇示する初めての機会だ」との政治ショーという位置づけだった。「友好第一、試合は第二」の標語はそのことを意味していた。毛沢東は、「チームを派遣せよ、何人か死ぬことを覚悟せよ。死ななければそれでよし。苦難を恐れず、死を恐れず」と報告書にコメントした〔年譜6、373／1971.3.15〕。日本人のテロに遭って選手団から犠牲が出るかもしれないとの危惧を振り切っての、決死の覚悟だったのである。

大会中にアメリカの選手たちが中国を訪問したいとの意向が中国側に伝えられた。四月六日、周恩来はその意向を毛沢東に報告し、時期尚早だから無理ですねと応答を求めたところ、毛沢東はいったん同意したものの、同日深夜、看護婦長にアメリカ選手団を即刻招きたいと告げたのである。服用した睡眠薬のせいか、ろれつが回らず、婦長が再確認した時には寝入りかけていたというから、どこまで正気だったかは誰も知る由もない。いずれにせよ、後日周恩来がコメントしたように、この結果、「小さな球が大きな球をゆさぶる」こととなったのだった〔李(下)②377〕。

まさに卓球のボールが地球を震撼させたのである。

七月九日、アメリカ大統領補佐官のキッシンジャー博士が、パキスタンから秘密訪中した。会談の後、ニクソン大統領が七二年五月以前に訪中するという電撃発表がなされた。

林彪事件の衝撃

いっぽう陳伯達批判でみずからの勢力の外堀が埋められつつあることを悟った林彪は、奪権の最終目的を果たすために、宮廷クーデターに打って出ることで逆襲を図ろうとした。徒党を組んで策略をめぐらす実行部隊となった首謀者が、息子の林立果であり、林彪一派に隠然たる影響力を持って暗躍したのが妻の葉群であった。林立果は日本の戦争映画の影響を受けて、一九七〇年一〇月、毛沢東殺害のための「連合艦隊」グループを結成、七一年三月に上海でひそかに武装クーデターのシナリオ「五七一工程紀要」のシナリオをまとめた。「五七一《ウーチーイー》」とは一種の暗号で、「武起義《ウーチーイー》（武装蜂起）」を意味していた。標的の毛沢東は「B‐52」との符丁で呼ばれた。

キッシンジャー訪中後の九月、林彪の毛沢東暗殺計画が実行に移されたが、事前に林彪の娘の林立衡の口から情報が洩れ、計画は破綻、林彪・林立果・葉群の家族ら首謀者たちはトライデント機で国外脱出を図った。燃料切れによるものかどうか、真相はいまだに明らかではないが、九月一三日、モンゴルで墜落し、乗客のすべてが死亡した。「九・一三事件」「林彪事件」と呼ばれる事件である。

毛沢東の暗殺計画は、林彪の直接の部下である周恩来すら、直前まで知らなかったし、毛沢東自身も林彪の奪権の陰謀は察知していたものの、暗殺までは予期していなかった。一九五四年からその死去まで毛沢東の主治医として最も側近に仕えていた李志綏ですら、暗殺計画についてまったく知らなかったばかりか、事件が発覚するまで恐怖すら感じなかったと書いている。林彪事件は衰えの目立ち始めた毛沢東の健康状態をさらに悪化させた〔李(下)②349-50〕。

九月一八日、中共中央は、「林彪は国家に叛いて出国しみずから滅亡を招いたことについての通知」を出し、林彪事件は、「ブルジョア階級の野心家・陰謀家の暴露であり破綻である」とし、省・市・自治区の党常任委員以上の党組織に通達し、段階的に通達の範囲をひろげていった〔文稿13、269-70〕。

中国では林彪批判キャンペーンで林彪の悪辣なイメージが盛んに宣伝され、一一月一四日、反革命クーデターの証拠物件として「五七一紀要」の中身を暴露した。そこには政局に対する痛烈な批判が書き連ねられていた。

「わが国の社会主義制度は深刻な脅威にさらされている。文人のトロツキー派集団はマルクス・レーニン主義を勝手に改ざん・歪曲し、私利のために利用している。彼らはニセ革命のことばでマルクス・レーニン主義に代え、中国人民の思想を欺き蒙昧にする」

「目下の彼らの継続革命論は即ちトロツキーの永久革命論であり、彼らの革命の対象は実際は中国人民であり、第一目標は軍隊であり彼らと意見を異にする人である」

「彼らの社会主義は実質的に社会ファシズムである」

「彼らは中国の国家機構を相互に殺し合い、相互につぶし合う挽肉器に変える」

「党と国家の政治生活を封建的専制独裁式の家父長制のものに変える」

彼らは林彪一派を見限り四人組一派に乗り換えようとしている毛沢東のやり方を見きわめて、まさにやられる前にやれ、やらなければやられるとばかりに、機先を制するために行動に立ち上がった。これが林彪一派の武装クーデターの論理であった。

「中国ではいままさに漸進的な和平転換式のクーデターが進んでいる」

「ターゲットはすげ替えられた後継者だ」

「クーデターは文人派に有利に武人派に不利な方向に向かっている」

「手をこまねいて捕縛されるよりは、退路を断って決死の覚悟でやるのだ」

毛沢東その人に対しても、容赦のない批判が書き連ねられていた。

「いま彼は中国人民が与えた信任と地位を濫用して、歴史を逆行させている」

「彼は現代の秦始皇となって、中国人民に負債をおしつけ、中国の歴史に負債をおしつけ、
忍耐は限界にきている！　彼は真のマルクス・レーニン主義者ではなく、孔孟の道を行く、
マルクス・レーニン主義の皮を被った、秦始皇の法を牛耳る中国歴史上最大の封建暴君で

ある」

「愚昧《ぐまい》、無能により大衆は離反し、親しいものも離れて行く」

文革に対しても激烈な批判を加えた。

「党内の長期にわたる闘争と文化大革命のなかで排斥された高級幹部は怒り心頭に発しているが口に出せないでいる」

「知識青年は下放されたが労働改造に等しい」

「紅衛兵は最初は騙されて利用され……無益な闘いの犠牲となって、後には贖罪の羊となった」

「現代の秦始皇B－52を打倒し、社会主義の幟を掲げた封建王朝を覆して真のプロレタリアと労働人民のための社会国家を打ち立てよう」〔厳・高（中）212-62、徐210、印348-55〕。

「毛沢東同志の親密な戦友であり、後継者」と公認された林彪の息子から、毛沢東と文革へのここまで大胆かつ痛烈な批判がなされ、毛沢東の殺害と四人組の打倒まで計画されていたのである。

林彪一派が企図した毛沢東暗殺未遂事件。その真相はまだ藪の中である。クーデター計画発覚後から墜落までの、事件そのものの真相も謎だらけであるが、それ以上に不可解なのは暗殺計画の意図である。計画自体を林彪は関知せず、林立果・葉群らの単独犯行だとの説もあるようだが、かりに林彪が直接関与していたとすると、なぜそのような大胆な行動計画に踏み切らざるをえなかったのだろうか。たとえ林彪が「毛沢東天才論」を喧伝したことで毛沢東の不興を買い、権力奪取の野心を疑われたとしても、暗殺というのはあまりに飛躍した発想である。

ここまで本書において、中国とインドネシアで革命にまつわるさまざまな輻輳した権力闘争のドラマや各地での大衆運動や事件を二元中継風に採録してみて、この北京での「九・一三事件」が、六年前のジャカルタの「9・30事件」と符合するものがあることに思いいたる。一国の首領（毛沢東とスカルノ）に忠誠を誓った腹心の部下（林彪とアイディット）が、首領の健康と前途に不安を覚え、みずからの権力基盤を固めるため（アイディット率いるインドネシア共産党）、あるいは権力を奪取するために（林彪一派）、軍隊を蜂起の発火点として（林彪は国防部長、9・30事件は陸軍内部のクーデター）、宮廷内の武装蜂起を企てる。そして計画は未遂か鎮圧で無残にも失敗し、首謀者は反党反革命（林彪一派）あるいは共産主義者（インドネシア共産党）の罪で人民の敵として断罪される。

アジアにおいて革命の成否を制する者は軍であること（「銃口から政権は生まれる」）、革命の最終目的は皇帝の首を扼することが、革命の常道なのである。つまるところ、アジアの革命は宮廷クーデターというかたちをとることになる。マオの革命・文化大革命もまた、皇帝の座をおろされた毛沢東が、再び玉座を奪還しようとしかけた、宮廷内クーデターであった。

個人意識と思想解放のめざめ

この林彪事件の真相が伝えられ、クーデターの陰謀が暴露されると、下放されていた知識青年の間に、それまでの毛沢東思想に対する牢固とした信念への揺らぎが生じた。そして、「五七一紀要」に書かれているとおり、実は毛沢東そのものが民衆に背き人民を欺くファシストだったのではないかという疑念が高まっていった。

紅衛兵世代の徐友漁・元中国社会科学院研究員や印紅標・北京大学教授が、当時の知識青年について書いた文革研究の本がある。紅衛兵の発生・下放・文革後の動向について精神史的観点からその行動の動機を個人の内面の主体的心理と論理に着目して明らかにした著作である。それによると、林彪事件を契機として、知識青年の間に中国共産党の権威の失墜と信頼の動揺が高まったという。

二〇〇六年末、NHK・BSで『民衆が語る中国・激動の時代——文化大革命を乗り越えて』という番組が放送された。

紅衛兵世代のいまは中年から老年にさしかかった企業家・作家・自営業者などさまざま

な民衆にインタビューをして、文革をさまざまな角度から回想したものを編集したもので、貴重な肉声が記録されていた。その第三回放送「下放・若者大移動」（一二月二七日放送）において、林彪事件のことがとりあげられた。そこでも「五七一紀要」の衝撃に触れて、「衆叛親離（民衆に叛き、身内からも離反される）」という、民心を失い孤立無援となった状態を表すことばが引用され、まさに文革の毛沢東はこうだったと実感したと語っていた。この「衆叛親離」という用語は、実は毛沢東自身がその著作の中で使った成語だった。

一人一人の文革を経験した知識青年あるいは紅衛兵世代に内在する心情論理に即してみると、文革というのは形の上では思想を解放すると謳いながら、現実は集団暴力・社会暴力という形態で発現し、極めて厳しい思想統制が働いていた。それが一九六八年後半頃から紅衛兵が地方の農村に下放され、七一年の林彪事件を契機として、次第にそれまでの集団的思考から個人本位の思考へと転じていった。

文革は自由な思考が許されなかった時代で、多くの外国文学や社会科学の文献が「毒草」とされて禁書扱いとなり、紅衛兵によって「破四旧」運動で焼き捨てられた。だが、この破壊を逃れた書籍が各地の図書館には残っていて、文革中は図書館の管理がずさんになったため、勝手気ままに手当たり次第に本を読んだり、家に持ち去ったりして、本に書かれた情報が流布していったのだという〔徐 50〕。廃品回収業者のステーションに積まれていた図書を古紙として買ってくるようなこともあった。あるいは修正主義として批判されたソ連や東欧の翻訳書や、一部の共産党幹部しか閲覧が許されない内部発行の本も出回っていた〔印 218-30〕。

内部発行の禁書とされていたユーゴスラビアの体制批判的な政治家・学者でハンガリーの社会主義運動に影響を与え、中国でも一九五七年の百家争鳴のころよく読まれていたミロバン・ジラスのような本を読むことによって、社会主義の文脈で体制を改革する知恵を得たのである。五七年当時と七〇年代で、中国の社会や制度に何らの変化はなかったことが、同じ社会に対する批判的思想・理論として、有効な武器たらしめたのである〔印 522-6〕。

一九七六年一月八日、周恩来が死去した。

四月四日の死者を弔う清明節に、天安門広場の人民英雄記念碑の周りに続々と人びとがあつまり、天安門広場が数十万の群衆で膨れ上がり、花を捧げ、黙禱し、哀悼の詩を朗誦し、標語が掲げられた。そこでは「四人組」批判が公然と表明され、同様のことが、地方都市でも起こった。翌日、党中央は、建国来初めて、公開の場で、民衆が直接毛沢東を攻撃したり、「反革命的な演説」を発表したりしたとして、一部の民衆を逮捕し、花輪や標語を撤去した。そのためにさらに多くの群衆が天安門広場に集まった。当局は「反革命破壊活動」だとして、民兵・公安・軍隊を派遣し、群衆を逮捕した〔年譜6、644-5／1976.4.5〕。一九八九年の天安門事件に先立つ、第一次天安門事件とも称される、「四・五運動」である。

文革のさなかに、なぜあれほど大規模かつ組織的な形で天安門広場に群衆が突如現れたのか。集団行動に慣れ、個人意識に目覚めた紅衛兵世代のエートスの発露としか考えられない。彼らが紅衛兵時代に年齢も地位も高い党幹部を大胆かつあからさまに批判したことで、中国共産党の権威は地に落ちた。さらに林彪事件を契機として、個人意識の目覚めと思想の解放が、新たな人生への歩みをもたらした。

アメリカの現代中国研究者のロデリック・マクファーカーは、林彪事件を総括して、「林彪に勝利するには甚大なコストがかかった、文革の信用を落とした」と言っている〔マクファーカー 138-305〕。

林彪事件が文革の化けの皮を剝がしたということである。林彪事件は中国の知識青年を毛沢東への無条件の忠誠という呪縛から解放し、自分の眼で見、自分の頭で考え、自分のメディアで公表するという、集団的造反の狂熱から個人の静かな理性的思考へと転換するきっかけとなったのである。彼らの主体性の回復と個人意識の覚醒が、独裁に反対し、民主化や言論・表現の自由を希求する言論や芸術活動への芽吹きとなった。

以後、「北京の春」と言われた中国の民主化の芽は、文革末期に胚胎していたのである。紅衛兵世代の当事者たちにとって、文革は思想統制から思想解放への一〇年だったと見ることもできる。

盛り上がらない批林批孔運動

一九七二年二月二一日、アメリカ大統領ニクソンが北京空港で専用機のタラップを下り、周恩来と固い握手をした。

中国が建国以来一貫して主敵として批判してきたアメリカと和解をし、最大の敵の首魁と握手したのである。二八日、上海で共同コミュニケが発表された。

米中和解の動きにいち早く反応したのが日本である。七月七日に田中角栄内閣が成立、日中国交正常化を急ぐとの方針が語られたのを受けて、二五日に竹入義勝・公明党委員長が訪中、周恩来との会談で国交正常化への中国側の意思と条件を確認し、帰国後、そのメモは大平外相に手渡され、田中首相は訪中を決意した。

九月二五日、今度は田中首相が北京空港に来て、周恩来と固い握手を交わした。二九日、日中共同声明に調印、アメリカに先がけて日中は国交を樹立した。日本政府は同日、台湾中華民国政府と断交した。

国外の形勢の好転を受けて、文革の終わりと毛沢東以後を見据えて、中国国内情勢は緩やかに変化が兆しはじめた。しかし毛沢東は警戒を怠らなかった。翌七三年、八〇歳になった毛沢東は新年の辞で「深く穴を掘り、広く食糧を貯え、覇権を称えない」との指示をだした。全国で地下壕を掘る運動が展開された。三月頃から下放されていた知識青年が都市に戻りはじめ、閉鎖されていた大学や研究機関では授業や研究が再開されはじめた。

七月に入ると、毛沢東は郭沫若の『十批判書』をとりあげ、孔子が尊ばれ法家に反対し、秦始皇を批判していることへの不満を表明するようになった。中国古代の儒法闘争に借りて学術論争の形をとった孔子批判運動が、八月から全国の各メディアを通して展開されるようになった。ここでの孔子とは暗に周恩来を指していた。文革の発動のときと同様、文藝あるいは学術論争の形で、あるいはそれを口火にして、政治闘争をしかけるやりかたである。

一一月二一日からの中共中央政治局会議では、数日前の周恩来のキッシンジャーとの会談が、投降主義で国を辱めた、毛沢東の地位にとって代わろうとしていると問題視され、周は執拗な攻撃を受けた。攻撃を仕掛けたのは江青・姚文元ら四人組だった。四人組という名称は七四年末に毛沢東が初めて使った用語である。

翌七四年一月から、全国に批林批孔キャンペーンが高まっていった。ただし今回の運動が初期の文革と違うのは、中共中央の通達により、戦闘隊のような大衆組織を作ってはならず、業界や地区を越えての経験交流をしてはならなかった〔年譜6、529／1974.4.10〕。そのため、統制はとれたものの、下からの盛り上がりに欠ける運動となった。江青ら四人組は、周恩来と鄧小平の追い落としを狙って痛罵したり毛沢東に密告したりしたが、毛沢東は四人組に辟易し、あからさまに遠ざけるようになっていった。

毛沢東は、彼の後を襲って権力を掌握しようとする動きに対しては、劉少奇、鄧小平、林彪、周恩来、そして四人組と、ことごとくその野心を事前に察知し、疑心暗鬼になってその動きを封じ込めたり、キャンペーンを展開して大衆動員によって政敵を打倒しようとしたりした。つまるところ、国家のトップリーダーの後継者をめぐって、後継者選びとその選定について、民主的なルールが確立されていないことが、これだけ大きな社会の混乱と迷走をもたらしてきたのである。

二月、ザンビアのカウンダ大統領と接見した毛沢東は、初めて「第三世界論」を披露した。即ち、米ソは第一世界で覇権主義をとり、日本・ヨーロッパ・オーストラリア・カナダは中間の第二世界で、日本を除くアジア・アフリカ・ラテンアメリカの発展途上国は第三世界という発想だった〔年譜6、520-1／1974.2.22〕。

さらに同月、アルジェリア革命委員会主席・ブーメディエンとの会見での発言によれば、毛沢東はかつての中間地帯論を継承しつつ、ソ連社会帝国主義の出現によって社会主義圏がなくなり、米中接近によって対ソ対決が全面に迫ってきたなかで、いぜんとして帝国主義がある限り、世界戦争は不可避であり、真の永久平和はありえないという確信を持ち続けていた〔年譜6、521-2／1974.2.25〕。

鄧小平は中国政府を代表して国連資源特別総会で毛沢東の検閲を仰いだ「三つの世界論」演説をした。中国は第三世界に属し、不平等な国際経済関係のなかで、抑圧された人民と民族の正義のために戦うという国際主義の路線である〔文稿13、386-7〕。

かつての東西対立に基づく中間地帯論から、南北対立に基づく第三世界論への転換である。とはいえ、反帝国主義・民族解放闘争という原理自体は揺らぐことはなく、反ソ連社会帝国主義・反覇権主義を訴え、その矛先はもっぱらソ連に集中した。

マオの死と文革の終わり

毛沢東は肉体の衰えは蔽いがたく、特に足腰の踏ん張りがきかなくなって、立っていることも困難になってきた。七四年一二月の室内プールが最後の水泳となった。

一九七六年は毛沢東最後の年であり、中国激変の年となった。

一月八日、周恩来が七八歳で死去、訃報を受けた毛沢東は、眉を顰め、滂沱の涙を流し、一言も発することはできなかった。足腰が立たず、追悼大会の出席もかなわなかった。

三月、またしても鄧小平が批判を受け、公式の場から姿を消した。毛沢東の後任を託されたのが華国鋒であった。

四月四日の清明節にあたり、天安門広場に集まった周恩来を偲ぶ民衆たち二〇〇万人が集まり、四人組反対を叫んで花輪や詩を捧げた。花輪や標語を撤去する民兵・警察が民衆と衝突し、流血騒ぎとなった。

六月二五日、華国鋒に「国内問題に注意せよ」というメモを書いた。これが毛沢東生前最後の書きつけとなった。

七月二八日、河北省唐山でマグニチュード七・八の巨大地震が発生した。二四万人余りに及ぶ死者が出たその惨状を知って毛沢東は声を張り上げて泣いた。

九月七日、資料を見たいとの意思表示に、側近は何の資料が必要か思い至らないでいると、毛沢東は紙に三本線を描き、手で木のベッドをたたいた。そこで目下総選挙が行われている日本の三木首相のことだと思ったものの、毛はそのまま昏倒してしまった〔年譜6、651／1976.9.7〕。九日、毛沢東は死去した。享年八三歳。

九月一八日、天安門広場で一〇〇万人の群衆が参加して毛沢東追悼大会が行われた。華国鋒が弔辞を読んだ。

「数日来、全党全軍全国各民族人民はみな毛沢東主席の逝去に限りない悲痛を感じています。偉大な領袖毛主席の畢生の事業は、広大な人民大衆の血肉と繋がっています。長く抑圧と搾取を受けてきた中国人民は、毛主席の指導の下で転身し主人となりました。深刻な災難にまみれた中華民族は毛主席の指導の下で立ち上がりました。中国人民は衷心から毛主席を敬愛し支持し、毛主席を信頼し、毛主席を崇敬しました。世界のプロレタリアートと進歩的人類はみな毛主席の逝去を深く哀悼します。……中国人民のすべての勝利は、みな毛沢東思想の偉大な勝利です。毛沢東思想の輝きは、中国人民の進む道を永遠に明るく照らすことでしょう」〔年譜6、652／1976.9.18〕

一〇月七日、華国鋒が共産党中央委員会主席・中央軍事委員会主席となった。九日、四人組が逮捕された。

だが華国鋒の権力基盤は脆く、翌七七年五月、鄧小平が復活、翌七八年一一月には華国鋒が自己批判をした。

実権は改革開放の旗手である鄧小平に移っていった。

長かった文革はいよいよ終わりを告げた。

林彪事件・あさま山荘事件・ミュンヘン五輪テロ事件

文革の終わりを、文革の衝撃に煽られた西側諸国はどう迎えたのか。

日本では一九六九年末から七〇年頭にかけて学園紛争が荒れ狂ったあと、あたかも学生運動などなかったかのように、一気に沈滞していき、大学は紛争の場からレジャーランドへと化し、社会全体が大衆消費社会モードに移っていった。七〇年三月には大阪で日本万博が開かれた。

そのようななかでの一九七一年九月の林彪事件は、不意を突かれた驚天動地の不可解な出来事だった。とはいえ中国は事件の通達を党中央から末端へと段階的に行い、海外メディアには情報管制を敷いていたため、日本での報道は入り乱れた。朝日新聞の秋岡家栄・北京特派員のように、中国共産党が公式の場で林彪事件を認めた七二年夏まで、真相の報道をためらい引きのばしたメディアもあった〔福岡①131-2〕。

毛沢東の後継者として正式な手続きを踏んで公認された林彪が、こともあろうに毛沢東の暗殺を謀って謎の死を遂げたというのは、いったいどういうシナリオなのか。不思議なことは、日本においてはこの林彪事件について、虚々実々の報道とは裏腹に、事件当時の論壇雑誌や学会誌などで、論じたものがほとんど見当たらないのである。おそらく論評しようがなかったのが実情だろう。とりわけ文革を支持し文革に過剰な期待を投影した研究者たちにとっては、真相が明らかになるにつれて、事態を説明する内在論理を持ちえず、狼狽し戦意喪失状態に陥ったのであろう。

米中接近を契機として日中復交の機運が盛り上がり、林彪失脚により文革熱が急速に冷めていくなかで、一九七二年二月、ニクソン訪中のさなかに、連合赤軍のメンバー坂口弘ら五人が武器を持って人質を取ってあさま山荘に立て籠り、銃撃戦のあと全員逮捕された。まもなく一四人の同志殺害の陰惨なリンチ事件が発覚した。

連合赤軍は、マオイスト集団として文革の影響を受けたML派の流れを汲む革命左派と、関西系の共産主義者同盟の赤軍派が合体して結成された。革命左派のリーダー永田洋子は、遊撃戦の革命根拠地を求めて妙義山にアジトを作り、赤軍派リーダーの森恒夫は、「銃口から政権が生まれる」さながらに「銃による殲滅戦」を掲げた。連合赤軍は武装蜂起、軍による遊撃戦争、農村による都市の包囲を謳うマオイスト集団である。

坂口らは山荘のテレビでニクソン大統領が北京空港に降り立ち、周恩来首相と握手を交わす様子を見ていたのである。坂口にとってその光景は彼らの武装闘争を根底から覆すショッキングな映像だった。まさに坂口は「遅れてきた青年」である。

あさま山荘事件の戦慄によって、文革の陶酔感はさめて悪夢に変わり、日本の新左翼運動は沈静化し、日本における世界革命理論としての毛沢東思想、革命運動としての文革の火は完全に消えていった。文革の火だけではない。いつか日本でも革命が起こる、という革命の夢自体が、はかなくも消えていったのである。

林彪事件以後、一九七三年後半からの批林批孔キャンペーンに対しては、日本の論壇はかなり冷静な反応であり、文革の延長線上で捉えるような論者は少なかった。林彪事件を経て、中国は脱文革と非毛沢東化に向けて局面が転換しつつあることを嗅ぎとっていた。

いずれにせよ、林彪事件以後の日本の論壇では、文革への共感や興奮の体温を急激に下げていった。革命中国のレンズで現実中国を見ると、笛吹けども踊らずさながらに、民衆の熱気や盛り上がりが伝わらず、ピントがぶれていってしまうのであった。

世界革命の思想や理論としてのマオイズムの火は消え、日本にとって一つの自己変革の創造的契機となっていた、理想としての中国革命像は、不可逆的に視界から消えていった。中国には過大な期待や幻想を抱かず、ほどよい距離を保ちつつ、外から冷静かつ客観的に観察し科学的に分析するという姿勢が、このころから中国研究者やジャーナリストに見られるようになった。

日本にとっての中国は、自画像を投影し自己改革の希望を託す対象としての「内なる中国」から、分析と解釈の対象としての「外なる中国」へと変わっていった。その傾向は今なお続いていると言える〔馬場 ①306-8、同 ②36-42〕。

パリ五月革命後のフランスはその後どうなったのだろうか。一九六七年六月のイスラエルがパレスチナ全土に支配を及ぼすきっかけとなった第三次中東戦争によって、マオイストの主導でフランス中にPLO（パレスチナ解放機構）連帯委員会が生まれていた。マオイストはフランスに多くいるアラブ移民コミュニティへの支援を呼びかけた。そのさなか、一九七二年のミュンヘンオリンピックにおいてイスラエル選手を人質にとって殺害するというパレスチナ支援者たちのテロ事件によって、この英雄的な都市ゲリラ像が地に落ちた〔ウォーリン 356〕。

いっぽうアメリカでは、福岡愛子によると、一九六八年から七三年にかけて、第三世界向けのマルクス主義が差別的分断の解消をもとめて、アフリカ系アメリカ人のブラックパンサー党やアジア系アメリカ人が武装前衛集団を結成し、「新しい共産主義運動（NCM）」がマオイズムへと方向転換し、急成長を遂げた。その運動の強みは国際主義・反帝国主義・反レイシズムを掲げて、労働者や被抑圧者を動員することにあった。だが、米中和解や改革開放の中国の西側接近という路線転換によって、文革中国との連続性は断ち切られていった〔福岡 ②64-7〕。

冷戦下での最大にして最長の戦争であったベトナム戦争は、日本・フランス・アメリカに反戦反体制運動の大きなうねりをもたらし、中ソの二大社会主義国はそれぞれベトナム解放戦線を支持・支援することで反米の代理戦争の様相を呈した。かくして一九六〇年代を通してベトナム戦争は泥沼化しエスカレートしていった。

ベトナム戦争をめぐる激動の現代史は、七〇年代に入って米中接近とニクソン訪中を契機として、収束の方向に向かい、七三年一月のパリ和平協定によって停戦が発効し、三月に米軍はベトナムから撤退した。

文革に翻弄された当の中国においても、文革の衝撃を蒙った海外諸国においても、結局のところ文革は、反資本主義という壮大なる実験の結果もたらされた、惨憺たる失敗だった。

文革よ、再び革命の夢をわれらに、という声をもはや聞くことはない。

文革は人類にとっての「最後の革命」となるのだろうか。

第9章　革命残響

——夢が消えたあとに

冷戦が終わり、ソ連が解体し
「収容所群島」や「キリング・フィールド」
の実態が明らかになった
文革は人類最後の革命だったのだろうか

一九八一年歴史決議で文革全否定

「世界史のなかの文化大革命」という書名を立てて、一九六五年の９・３０事件前夜から書き起こして、文化大革命の勃発、米中和解と日中国交正常化、毛沢東の死去、文革の終わりと、「革命」をめぐる世界の動きを多元実況中継のような仕立てで追ってきた。

革命の「東風」は周辺のアジアだけでなく、世界を席巻し、多くの人びとを革命の狂熱と、狂騒に対するバックラッシュのスパイラルに巻き込み、多大な犠牲をもたらし、癒しがたい傷を与えた。

毛沢東の言うように、「小さな火種が草原を焼き尽くす（「星星之火可以燎原」）」。一九六六年五月に着火された革命の火種は、瞬時に高潮に達して四方へと拡散した。確かに火の勢いは速かったのだが、火がおさまるのもまた速かった。六八年末には血気盛んな革命戦士・紅衛兵は辺鄙な農村に下放され、七一年の林彪事件で大衆の動員力に陰りが見えはじめた。インドネシアでは共産クーデターは一日で鎮圧され、火種は西カリマンタンで二年後に発火した。だが、それも瞬時に鎮火され、火種は完全に断たれた。

西側諸国ではパリのカルチェラタン解放区など、一九六八年に大学や街頭で革命の祝祭空間が出現した。だが、七〇年代に入って、大量消費社会の安楽によって、革命の夢は、うたかたの夢と消えた。

本家中国では一九八一年六月の第一一期六中全会の「歴史決議」で、文革は一〇年にわたる大災厄であったとして全面否定された。さらに八八年に、中共中央と国務院が連名で本格的な文革研究や文革を題材とした文藝作品の製作を禁じる通達が出された。「党の集中的かつ統一的な指導性」を損ない、混乱の要因となるから、という理由であった〔加々美 10-3〕。歴史的事実の掘り起こしと犠牲者への謝罪・補償は封じられたままである。

文革勃発半世紀後の二〇一六年、中国では文革関連の記念イベントは開かれなかった。文革に関する自由で開かれた言論は、抑圧され封殺される風潮がいっそう高まっている。

中国はいまなお社会主義の旗を国家イデオロギーとして掲げている。二〇一七年秋の党大会で習近平政権は二期目に入り、権力基盤を固めたかのように見える。腐敗撲滅という大義名分によって政敵を倒し、「権力核心」として権力集中を強め、党規約に「習近平思想」を掲げるまでに到った。その激しい権力闘争の手法は、文革期の毛沢東とあまり変わってはいないように見える。また共産党の一党独裁、共産党の指導体制については、文革後もほとんどそのまま維持されている。後継者を民主的に選出する方法や制度は、いまだに確立されていない。

いっぽう、目覚ましい発展を遂げている中国経済や、豊富な物資と消費者本位のサービスを享受している中国人の生活を見ると、今の中国は西側のどの資本主義国家よりも高度資本主義と高度情報社会の豊かさと安楽を享受しているかのように映る。文革期の、貧しさを分かち合う極度に平均化された平等主義の社会とは、隔世の感がある。

とはいえ、毛沢東が三大差異の撤廃を掲げて文革を発動した、農業と工業、都市と農村、頭脳労働と肉体労働の間の格差と差別については、解消どころかますます拡大している。革命の火は消えても、革命のスケルトンがまだ凍りついたまま眠っているかのようだ。

二〇世紀最後の革命

杉山市平は一九六五年の9・30事件と翌年の文革をともに現場で体験した稀有なジャーナリストである。

一九四〇年、東京大学在学中に応召して中国戦線に従軍した経験を持ち、一九四三年に除隊後、同盟通信に入り、戦後は共同通信の記者を務めた。その後、共同通信を退社して六四年にアジア・アフリカ・ジャーナリスト協会（AAJA）書記局員としてジャカルタに赴任し、六五年の大晦日に北京に転勤し、八五年に帰国した。九六年に死去。インドネシアの9・30事件と中国の文化大革命という二つのアジアの革命の勃発から終局まで、同時代の現場で体験したのである。

杉山の娘の杉山まり子さんとのご縁で、二〇一三年三月、埼玉県川越市のご自宅を訪ねると、生前のお写真や、ジャカルタでの日記をみせてくださった。まり子さんも母の昭子さんとともに六五年四月に父親のいるジャカルタに行き、9・30事件を小学生として体験していた。その後、転居した北京ではインドネシア大使として北京に駐在し、事件後そのまま北京に亡命してAAJA代表となったジャオト一家と交流を続け、北京で活動し北京で亡くなった日本共産党の徳田球一の夫人、民間大使として一九五八年から一家で北京に移住した西園寺公一一家、邦字紙の駐在記者など、いろいろな北京在住の日本人との交遊があったという。

まり子さんは父親の死後、その遺稿をまとめて、父の学生時代の従軍記録『戦争紀行――ためつすがめつ一兵士が見た日中戦争の実体』（二〇〇七年）を私家版として出版している。

拝借した三冊の大学ノートに綴られた日記を拝見すると、単に日記だけでなく、インドネシア現代史のさまざまな歴史やデータが筆録されていた。おそらくいつの日か、激動の全過程のただなかにいた自分の視点から、実録風の現代史をまとめようとしていたことがうかがわれた。

その日記にこう書き留められていた。

「20世紀：革命（社会主義、植民地）その挫折、転換の世紀
革命のなかにある転換への要因（ソ、中、インドネシア）
最後に登場してきたインドネシア革命——その挫折
世界的挫折のaftermathとしての文化大革命」

ジャカルタと北京で二〇世紀アジアの二つの「革命」を目睹した杉山にとって、9・30事件は最後の革命であり、挫折した革命であり、文革はその「世界的挫折の余波」に過ぎないというのである。

文革を発動した毛沢東の「革命的実践」からすれば、9・30運動は平和主義と議会主義を克服しない偽物の革命であり、文革は武力闘争によって反帝国反修正主義の旗幟を鮮明にした真正の革命だということになろう。だからこそ文革の成果は輝かしく、人びとの魂に触れるものであり、革命の真髄が輸出できるものだと誇った。文革は日本の学園紛争や新左翼運動のみならず、世界各地の学生運動や社会運動に刺激を与え、武装闘争を鼓舞した。

だが、その世界革命の試みは、革命を輸出された側には社会秩序の動揺、伝統的価値観や道徳観念の否定、暴力是認の気風を醸成し、破壊と混乱をもたらしただけだった。

戦争と革命に彩られた二〇世紀は終わった。二一世紀には革命の起きる気配はもはやな

さそうだ。

結果として文革は二〇世紀最後の革命となり、９・３０運動と共に失敗あるいは流産の革命という評価が、少なくとも公式の場では下された。

杉山のメモは、「革命よ、さらば」と、革命への告別を言い遺そうとしたのかもしれない。

事件の世界史的意義

さらに杉山は、私家版『インドネシア見聞記』のなかで、一九六三年四月に行われたアジア・アフリカ・ジャーナリスト会議開会式でのスカルノ演説に触れて、このような感想を書き留めている。

「『バンドン』〔一九五五年のバンドンで開かれたアジア・アフリカ会議を指す〕は、大国による植民地支配の時代が終わったことを宣言し、大国が中小諸国の集団を思いのままに動かす、という考え方を時代遅れにした。

しかしそれから八年後、『バンドン』をもり立てた新興独立諸国の団結と連帯はもうない。理想を語る時代は、バンドン会議の閉幕と同時に過ぎ去ったかのようである」〔杉山49〕

9・30事件とは、形骸化した「バンドン精神」が崩壊して瓦礫《がれき》となったその上に企てられた、予《あらかじ》め挫折が運命づけられた革命だったのかもしれない。そして、スカルノの「旧秩序」からスハルトの「新秩序」への移行は、うずたかく積まれた「バンドン精神」の瓦礫の上になされたものだったのかもしれない。

同様にインドネシア現代史の研究者として9・30事件を注視し、当時から研究対象としてきた増田与は、事件の世界史的意義についてこう述べる。

「このインドネシアの一九六五年九月三十日事件は、一九六六年九月からの中国のプロ文革以後の政治変動に直接・間接のインパクトを与えてゆくことになる。ひいては、一九八九年以後のベルリンの壁の崩壊にはじまる東欧の政治変動と、一九九一年にはじまるソヴィエト連邦とソ連共産党の崩壊という世界政治の変化にもインパクトを与え続けてゆくことになる。

九月三十日事件はインドネシア一国規模をこえて、アジア太平洋と世界史の流れに大きなインパクトを与え続けている」〔鄒 ②91（編訳者あとがき）〕

9・30事件がその後の中国文化大革命にどのようなインパクトを与えたのか。

本書は増田の問いを受けとめて、考えうる一つの回答を提示する試みでもあった。

そして、9・30と文革が、さらに一九八九年以後の東欧諸国の体制転換と、九一年のソ連解体にいかなるインパクトを与えたのかについては、今後の課題としておかざるをえない。

ただ、9・30事件前夜からその勃発と失敗、それを受けての文革の契機と終わりまでを追ってきて、さらに冷戦の終わりから現在までを見通してみて思いいたることは、二つの革命にまつわる暴力の問題である。

二つの革命に共通することは、権力を掌握《しょうあく》するためには、平和的移行あるいは平和共存という方途を拒んで、武力によって敵を威圧し打倒し異論を封殺するという方法であり、そこには国是のためには個人の自由や少数者の意見は犠牲になってもやむを得ないという全体主義的思考がある。その思考のもとに大量死という事態が発生した。つまり自由・人権・民主・平和という観念が、暴力による統制という観念を上回る普遍的価値として共有されていないということが、実際に起こった革命の現実の姿である。

山口県のマオイスト

「革命よ、さらば」とはいいながら、9・30運動、文革、西カリマンタン武装蜂起などで目指された、帝国主義的な収奪と、階級社会の抑圧、資本主義勢力によるプロレタリアートへの搾取、権力の汚職や腐敗、絶対的貧困層の拡大、といった問題の解決は、いまだになされていない。

だからといって、それらの問題を解決するために革命という手段は許されるのか。武器を用いての闘争、集団的暴力は正当化されるのか。オウム事件以後、あるいは九・一一以後のテロは拡大し過激化し、暴力の連鎖、権力者ではなく無関係な市民を巻き込んだ無差別テロが世界各地でくりかえされ、被害が深刻化しているし、そのなかで、革命という言葉には、いっそう破壊的なニュアンスやネガティブなイメージが増幅されている。

日本において文革を支持した人びとや組織集団は、現在ではおおむね沈黙し文革について多くを語らない。同時代の日本を知らない世代にとっては、そこでどのような論議があったのかという事実すら確認する機会が失われている。日本での文革論議のさなかに刻まれた組織の亀裂や思想的分断によって日本の論壇や左翼運動が負った傷口は、いまだに塞がっていない。

そのなかにあって、かつて文革を支持し、いまなお文革に対する自己批判をせずに組織活動を続けている人びとがいる。

第4章で触れた、山口県を拠点に活動する、日本共産党左派に由来する、『長周新聞』の言論活動である。

日本共産党山口県委員会は一九六六年九月、文革のさなかに親中国の路線で分派活動を行ったために日共から除名された福田正義らが結成した。その党則には「日本の労働者階級と人民の解放のために、アメリカ帝国主義と日本独占ブルジョア階級の支配をくつがえ」すこと、「マルクス主義・レーニン主義・毛沢東思想を自己の思想をみちびく理論的基礎とし、行動の指針とする」と明記されている。

福田は一九五五年、地元の山口で『長周新聞』を創刊した。長周新聞社に併設する福田正義記念館によると、福田の事績をこう紹介している。

「戦後は満州で日本人の帰国運動に尽力し、下関に帰った後は全国初の占領者労働者ストライキを組織するなど労働運動の基礎をつくった。『かつての戦争において、日本人民がもっとも困難のなかにあるときに共産党が壊滅して人民を導くことができなかった。しかし、中国ではたちまちにして全中国を解放した、それはなぜか』という問題意識から出発して、原爆を受けた広島市民の声を代弁して戦後アメリカ占領軍のもとではじめて原爆投下の犯罪に抗議した一九五〇年八・六平和斗争を組織。人民に奉仕する思想に徹して、人民の苦難を調べ、手助けするならばかならず勝利するという信念を得て、一九五五年に、いかなる権威にも屈することのない人民の言論機関として長周新聞を創刊した」

文革のころ、中国では日本の新聞としてこの『長周新聞』だけが購読を許されていて、中国の各ホテルの各階で『長周新聞』が閲覧できるようになっていた。いまなお週三回発行されている四面構成の地方新聞である。十余名の社員がいて、取材から配達・集金まですべてこなすという。ちなみに二〇一八年元旦の第一面は、「終末期迎えた資本主義の次の社会どう創るか」という年頭挨拶記事である。

山口県というと、吉田松陰といい、薩長同盟といい、日本の明治維新において尊王倒幕運動によって今日の国家体制の基礎を作り、多くの政治軍事のリーダーを輩出し、岸・佐藤・安倍首相の出身地でもあることで「右」の保守のイメージが強い。だが日共左派や長周新聞のような気骨のある左派を生む県民性もあり、長周新聞は明治維新では高杉晋作を高く評価し、「草莽崛起」という吉田松陰の言葉を題字に掲げている。

福田は一九六六年の明治維新百年の年に、『長周新聞』で「高杉晋作から学ぶもの」を連載している。高杉は広範な人民大衆を動員して奇兵隊という武装部隊を組織し、「尊皇攘夷」を掲げて結集させ、徳川幕府という封建的な専制を打倒し、維新革命闘争を主導したからだというのである。当時この連載は「宮本修正主義路線」に反対する「反修決起」の号令となった。

福田はまた文化運動の一環として一九五二年に人民劇団として「はぐるま座」の結成を指導した。文革の翌年の六七年に中国で初めて公演した。このほか山口県での中国とのさまざまな文化交流運動を進めていた。

「天安門の学生運動は国際的大謀略」

二〇一八年二月、本州西端にある下関駅からタクシーで一〇分ほどのところの市街に建つ長周新聞社を訪れた。文革当時から同新聞社に勤めている記者の竹下一さんと元記者の沢田勉さんがインタビューに応じて下さった。

それによると、創刊人の福田は戦前から共産主義運動に参加し、満洲に渡って『満洲日報』に勤務し、終戦を迎えた。そこで中国共産党の党建設の過程で打ちたてた「人民に奉仕する」中国革命の精神に学び、日本共産党には大衆蔑視があって大衆と結びついていなかったことを反省した。

一九四七年に帰国後、地元下関で細胞活動のほか、アメリカの強制徴用を問題にし、進駐軍労組のストライキを組織し、のちの全学連委員長の武井昭夫とともに言論活動をした。一九四九年に広島に拠点のある日共中国地方委員会の委員として広島で活動し、アメリカの原爆投下を厳しく批判し、朝鮮戦争のなかで決して原爆を使わせないという論陣を張った。峠三吉とも親交があり、占領下でプレスコードの制約がありながら、彼の原爆反対を謳った詩を公表した。

下関に戻った福田は、山口県民の新聞として『長周新聞』を創刊した。創刊当時のスタップは福田編集長と記者一人のたった二人だけであったが、「幾千万大衆と共に」という大衆路線を標榜した。

創刊のころは中国人俘虜遺骨問題を報道し、全県的な遺骨送還運動を展開し、その返礼として、一九五八年に李徳全中国紅十字会長が下関を訪れたほどだった。また、当時は李ラインの時代で、中国の沿海で底引き網漁業をしていた。操業の安全のために、民間漁業協定を結ぶ運動を展開した。

一九六六年に山口県委員会左派ができ、宮本党中央は、マルクス主義の原則を逸脱した修正主義として批判し、全国から宮本路線に反対する人たちが結集した。ここに六九年に全国組織として日共左派が結成された。山口県では多くの企業労組に基盤があり、大衆路線をとった。親中国・反宮本ではあったが、武闘路線をとるML派には反対し一線を画した。周恩来は、そのような姿勢は分派主義だとして、日共左派に対して武闘派を含む反体制集団を包摂したパリ・コミューンのような大連合を組むようにせよと説得したという。

文革支持の立場を鮮明にしていたが、一九六九年の第九回党大会には珍宝島（ダマンスキー島）事件を中心に据えてソ連主敵論が生まれ、それまでの反帝反修路線を親米反ソ路線に転換した契機になり、中米接近につながったことを、文革の指導的思想の放棄として批判した。一九七九年の中越戦争で批判の立場を明らかにした。改革開放の新自由主義路線と対外的な覇権的行動に対しても批判の立場を採っている。

一九六六年の文革当時、『長周新聞』には「連ソ・反中国を粉砕しよう」という社説（八月二一日）が掲載されている。国際共産主義運動としての思想的立場と闘争路線が典型的に現れているもので、一部を引用しよう。

「日本がアメリカ帝国主義の支配下におかれ、民族主権を侵されている状況のもとで、外国帝国主義の長年の侵略とたたかってすべての外国帝国主義を追っぱらい、これに追従して自国人民を支配していた国内反動勢力を打倒した中国人民の経験は、日本人民を心からはげましている。とりわけ、今日、アメリカ帝国主義とその追従者に反対する斗争で、中国人民が自国の社会主義建設を断固としてすすめて偉大な成果をあげると同時に、アメリカ帝国主義にまっ向から反対し、アメリカ帝国主義の共犯者になり下ったソ連指導部を先頭とする現代修正主義のぎまんを徹底的に暴露し、世界のすべての被抑圧人民と被抑圧民族の斗争をおしみなく支持しつつ反米国際統一戦線の先頭に立ってたたかっていることは、日本人民に深い感動と強いはげましとなっている」

労働組合の組織率が低下するなかで、現在の『長周新聞』の主なテーマは子どもの教育、公害、非正規雇用、上関原発建設反対など資本主義の矛盾を衝く論評を展開している。

竹下さん、沢田さんは、一九八九年六月四日の天安門事件についての見方をこう語った。

それは筆者の意表を衝く、煩悶《はんもん》をかきたてるものだった。

「天安門広場での学生運動は、帝国主義列強が緻密に仕組んだ国際的大謀略です。『長周新聞』は、プロレタリア独裁を堅持するために鎮圧したことを支持しました。あの当時、鎮圧を支持する立場を鮮明にした日本のメディアは長周新聞くらいしかありませんでした（天安門事件直後の一九八九年六月二〇日に長周新聞は「中国の政権転覆狙った米日欧帝国主義の失敗」と題する社説を掲載している）。その時の中国共産党の長老の判断は、何千万もの人びとの犠牲によって築いたこの共和国を、帝国主義者の手に渡してはならないということです。だから北京市民の大半は人民解放軍を支援し、学生の暴行によって傷つけられた解放軍兵士を介抱したのです。

アメリカはベトナム戦争の教訓から、武力を通じては社会主義を転覆できないとして、一九六九年に起死回生の策としてニクソン・ドクトリンを出したのです。つまりイデオロギー面から社会主義を転覆する、「和平演変」をしかけたのです。その核心は中国をどうとりこむかということだったのです。その延長線上でゴルバチョフもまた、ペレストロイカを利用して謀略を巧妙に進めていったのです。東欧の体制転換はゴルバチョフが進めたのです。その締めくくりが八九年五月の訪中です。それは民主化支持のシグナルでした。

ところが一九九一年にソ連が解体すると、翌年、鄧小平は南巡講話をやって、資本主義か社会主義かが問題ではない、総合的な国力が向上すればいいと『先富論』を打ち出し、改革開放・市場経済路線に拍車をかけていきます。それは資本主義化への変質です。いまの中国の農村の暴動などを見ると、階級矛盾があります。大衆が求める真の社会主義を追求していかなければなりません」

人民に奉仕する中国共産党の党建設を支持し、文革を支持し、中国の学生たちによる民主化運動に反対し、天安門事件での武力鎮圧を支持し、鄧小平の改革開放路線を批判する。その思想的立場については、首肯しがたい。

これまで見てきたように、文革には初期のころから無軌道な暴力の放縦《ほうしょう》が見られ、それが次第に拡大し、暴力がより組織化・計画化していき、犠牲を増やしていった。学生の民主化運動を米ソの共同謀議だとし、封じ込めなければ中国のレーゾンデートルは失われ崩壊するとの見方は、まさに中国共産党の六・四当時の公式の鎮圧のための論理を、そのまま是認したものである。

現在の中国に民主化は必要であり、政治改革は急務である。だが、中国に生活する物質的な豊かさを享受する中間層以上の都市住民が、農村や地方の貧困層を含む全人民を対象とした政治的平等や普通選挙の実施を、おしなべて要求しているとはとうてい言いがたい。鄧小平の改革開放路線は、今の中国の繁栄をもたらしたものであることは間違いない。だが、不平等や格差や環境破壊などの深刻な社会問題は、いまも中国社会を苦しめている。『長周新聞』の論調には、納得しがたい部分があることは確かだが、さまざまな煩悶が去来する。

さりながら、アメリカ帝国主義を批判し、人民に依拠した大衆路線のもとで社会主義の実現を図る、一貫した姿勢がある。言論活動の原点として、広島の平和運動を全国に展開し、アメリカの占領体制を批判し、強制連行された中国人の遺骨送還運動を推進し、日共左派として地元の労働運動を組織してきた功績は、銘記しておきたいと思う。

終章　過ぎ去らぬ「革命の亡霊」

半世紀前に世界を席巻した
変革へのあの欲動は
社会が閉塞するなかで
いまどこを彷徨っているのだろうか

打ち砕かれた革命の夢

ここまでインドネシアで、中国で、そして世界で、革命をめぐるさまざまなドラマを、その時間的推移に沿いながら、同時代の目線で追ってきた。それは、筆者の記憶のなかの文革を想起しながら、視界に映った革命の背後で、何が起こっていたのか、自分の来し方を確認する作業でもあった。

筆者は、高校生のころ、「魂に触れる革命」という言葉に、ある種の陶酔感《ユーフォリア》を感じた。そこで、毛沢東の「実践論」「矛盾論」「持久戦論」などを読んだり、「造反有理」という言葉に鼓舞されて、父親や学校教師に対するやり場のない反抗心を募らせたりした。

そのささやかなユーフォリアを破ったのは、一九七四年の東アジア反日武装戦線〝狼〟の、時限爆弾を使っての三菱重工業、間組《はざま》、大成建設をはじめとする連続企業爆破事件だった。高校生のころ、白昼の丸の内のオフィス街の路上に三菱重工ビルのガラス破片が飛び散り、血まみれのスーツ姿の会社員が担架に乗せられているニュース映像を観て、冷や水を浴びせられたような気分になった。澱《おり》のようになって胸の底にうずくまっていた造反幻想が瞬時にして打ち砕かれたような、興ざめた気分を味わった。

日本社会全体としては、革命の夢想を悪夢に変えたのはその二年前のあさま山荘事件であった。まだ中学生だった筆者は、冬の山荘での革命家と機動隊の攻防をテレビに釘付けになって観たものの、ただ啞然としていたようなものだった。山荘がビルの解体に使われる鉄球で壊されて、手錠を掛けられた革命家が拘引《こういん》される光景が残像となっていた。

ところが、二年後の東アジア反日武装戦線のテロでは、被害者たちの惨《むご》たらしい姿しか映像に映らず、姿を隠したままの陰険なテロリストの所業は、夢も希望もない、陰々滅々とした寒々しい気分しかもよおさなかった。彼らは一般市民や会社同僚との接触を極力避け、時限爆弾を仕かけ、無差別大量殺害をして、社会に戦慄を走らせた。「窮鼠《きゅうそ》猫を嚙む」。そんな追い詰められて行き場のないテロリストの悲しい影が瞼に浮かんだ。

この社会に二度と革命はこないだろう。その確信が芽ばえてきて、革命は遠ざかっていき、私の視界から消えていった。

二〇〇七年一月号の『論座』に、当時三一歳だったフリーターの赤木智弘による「『丸山真男』をひっぱたきたい」という論考が載った。そこには「希望は戦争」というサブタイトルがつけられていた。格差社会で希望のないニートたちが、わずかな活路を求めて社会に流動性を求めるとしたら戦争しかない。かの東大エリートの丸山真男が二等兵として平壌にいった時に一等兵からビンタをくらった、あのようなことは戦争がなければできない、丸山真男をひっぱたきたい。そういう気分を表明していた。

あの「戦争」を「革命」という言葉に置き換えれば、そのような雰囲気が現代の日本に蔓延しつつある空気は感じ取ることができる。この空気は、序章で述べた、百年前の「阿Q正伝」の「謀叛万歳」の感覚に通じるものがある。

両者の何が共通しているのか。

それは時代閉塞ということだろう。日本の場合、希望格差社会とかニートとかワーキングプアというような、失業や貧困が固定化されているような時代状況に置かれた若者が、出口のない袋小路に迷い込んだような状態に置かれている。一気にこの状況が変わってしまったらいいのに、というような破壊願望がそこから醸成されている。まさに革命の亡霊はさまよっているのである。

とはいえ、そこから革命の実現へといたる距離はとてつもなく遠い。革命のために人びとを蹶起《けっき》させるには、変革を願望する人民の共通した思い、その思いを行動につなげるリーダーの指導力、結社の組織力と政治力、知識人の支持、宣伝のための有効なメディア、そしてなによりよりよき未来への希望、新しい世界への構想などが、総合的かつ相乗的に組み合わさっていくことが不可欠である。それらがないところで、広範な人びとは蹶起することはない。何より、怒濤《どとう》のように自己増殖していく新自由主義的な資本主義に抗《あらが》う、あるいはそれに代わる、実行可能な構想や原理を、まだわれわれは見出しえていない。

「東風は西風を圧倒する」再び

社会学者の橋本健二によれば、いま、日本は所得収入や就職や結婚についての生活格差が拡大し、固定化しつつある。その実態を踏まえて、日本は新たな階級社会となった、とまで言われている〔橋本〕。福祉、労働、教育などの各分野において、いまこそ資本主義の矛盾を是正するために、社会主義的な施策がリアリティをもって構想されるときなのかもしれない。

今後の人口動態の趨勢では、日本はますます人口減少が進み、二〇五〇年には九〇〇〇万人を下回る。しかも少子化によって高齢化が進行する、縮小社会となることは避けられない。いっぽう、世界人口は増え続け、二〇五〇年には一〇〇億人に迫るという。とりわけアジアとアフリカ諸国では人口が増加し、しかも若年労働層を厚く抱え、高い経済成長が見込まれている。これまで第三世界とされてきた地域が、今後、生産と消費における世界の中心へとシフトしていくのである。日本は外国からの移民政策に舵を切っていかないと、産業や生活が成り立たない社会となることが目前に迫っている。外国人、とくにアジア・アフリカ出身の人びととの共生の模索は、避けられない課題である。

じっさいに、アジアやアフリカの発展途上国では、発展する中国経済の影響力がますますす大きくなっている。中国の「一帯一路」政策に乗っかって、中国からの経済的支援の恩恵に大きく依存するようになりつつある。中国は欧米と違い、現体制の変更や民主化を強要せず、西洋的な民主・人権といった価値観を押し付けることはない。むしろ、チャイナ・スタンダードを歓迎し、発展戦略として取りこもうとする動きがある〔朝日2008.5.1〕。そうなると、アジア・アフリカでの反欧米の独立解放運動、民族自決主義、中国革命やキューバ革命の経験に、再び脚光が当たるようになるのかもしれない。

そのときに再度問い返さざるをえなくなるのは、「山口県のマオイスト」として言及した『長周新聞』への取材でも話題となった、一九八九年六月四日天安門事件における、民主化運動を鎮圧した側の中国の権力者たちの世界認識である。かれらは当時のソ連のゴルバチョフ改革と東欧の社会主義体制からの転換（「蘇東波＝ソ連・東欧からの風波」）を、アメリカを基軸とする資本主義勢力による平和的な体制転換（「和平演変」）の陰謀とみなし、防遏《ぼうあつ》することを決断した。そして武力によって自国の民主化運動を抑えつけ、資本主義世界からの西風を押しとどめた。当時のアジアは圧倒的に貧しかった。にもかかわらず、西風は東風を圧倒できなかったのである。いま豊かになりつつあるアジアにおいて、東風は西洋世界の西風を圧倒しつつある勢いにある。そのとき文化大革命や六四事件の歴史の記憶はどのように呼び覚まされるのであろうか。

資本主義の暴走を防ぐための構想を立てること。そして、虐げられ、差別され、社会の周辺に追いやられた人びとや民族との共生・共存の道を探ること。その課題に立ち向かわない限りは、時代閉塞のなかでの破壊願望がさまよい、造反のための暴力のマグマはたまっていくことだろう。

革命は一過性のもので、決して再現しないし再帰しない。革命ははしかのようなもので、いちど罹患《りかん》すれば免疫ができて再び感染することはない、という見方もありうるだろう。しかしながら、革命は疫病のように、風土に応じて少しばかりタイプは違うけれども、ある一定の条件の下では、同じような病理に罹ることもありうるかもしれない。「革命の亡霊」がさまよっているとは、このような発病以前の状態を指す。

ただし、この疫病はウイルスだけでは発病しない。かりにウイルスの正体をつきとめたとしても、たとえばそれが毛沢東という革命家の「能動的革命実践」の仕業だったことが明らかになったとしても、それは革命の一面の真実でしかない。革命を願望する客体としての人民の側のリアリティに肉迫していかなければならないのである。

「革命の亡霊」は、まだ過ぎ去っていないのである。

あとがき

文化大革命をめぐる、長く、曲がりくねった物語を紡いできた。なかなか歯切れのよい団円とはならない。革命の夢は消えたとしながらも、残響がこだまし、亡霊が徘徊している。だが、そろそろ幕引きとしなければいけない。

文革を中国一国内の悲劇として完結させたくない。現代中国研究者の専有物のままにしておきたくない。世界史の大舞台に引きずりだして、国際的要因と国際的影響に注目した、新しい語りに乗せてみたい。そういう思いから、前著となる『戦後日本人の中国像』では二章を割いて、日本での同時代資料を踏まえ、文革の日本での衝撃と波紋について論じた。その二章分をまとめて、中国で発行されている雑誌に中国語で発表したとき、タイトルを「〝文化大革命〟在日本（一九六六〜一九七二）――中国革命対日本的衝撃和影響（中国革命の日本への衝撃と影響）」とした。本書はさらに構想を拡張して、「文化大革命在世界（世界のなかの文化大革命）」という課題設定を立てて書き下ろしたものである。

いかにすれば文革は世界史となるのか。

日本での文革関連の事例を細かく集め、昨今の「1968」ブームに乗っかって、アメリカ、フランス、ドイツ、イギリスなど西側世界における文革の影響へと叙述の射程を延ばしていけば、確かに文革の影響が当時の地球を覆っていたことを証明することはできるだろう。そうすることで、文革の語りはこれまでとは様相を異にする、多彩なものになるだろう。だがそれは文革の真実の歴史といえるだろうか。文革という一陣の台風は、確かに世界を席捲した。だが西方の風下へと遠ざかっていけばいくほど、いろいろな風が混ざっていって、その台風の本質は判然としなくなるのではないだろうか。

本書では「世界史のなかの文革」という問題意識に立ちつつ、できるだけ東方の風上に向かって、風圧に身を晒すようにしながら、発生源へと視線を向け、中国大陸周辺の被災地の実況を見分するようにした。

そのさいに風上のかなたにインドネシアという、ひとつの発生源を見出したことが、世界史としての文革に気づかせてくれる重要な契機となった。そして疾風を巻き起こした風神ともいうべき毛沢東その人の動静を凝視することで、「世界史のなかの文革」という歴史叙述に物語の息が吹きこまれることになった。

インドネシアとの出会いは、偶然だった。二〇一一年四月に、後藤乾一先生から、「インドネシア一九六五年九月三〇日事件の総合的研究（早稲田大学アジア太平洋研究センター原口記念アジア研究基金の助成による）」への参加を誘っていただいた。四年後の9・30事件五〇周年に向けて研究成果をまとめようと発足した共同研究会で、メンバーには後藤先生や倉沢愛子先生はじめ、現代インドネシア研究の錚々たる先生がたが加わる豪華な研究会であった。メンバーのなかで中国を研究対象とする研究者は私だけであった。当時の私はインドネシアについてなんの特別な知識も持ちあわせておらず、最初の研究例会で頻繁に出てきた「アイディット」という名前さえ、誰を指すのか知らないほどだった。

最初の私の発表は、9・30事件当時の『人民日報』における報道の内容分析だった。当時の中国で事件のインパクトがとても大きかったこと、中国のみならず台湾でも大事件でありながら全く逆の反応を見せていたこと、事件が終息したころに、西カリマンタンで大きなゲリラ戦があったこと、などを報告した。インドネシア研究者たちは、西カリマンタンでの事件の余波を初めて知ったと言った。私は、この事件はその直後に勃発した文革とどこかでリンクしているのではないかと思うと述べた。

それから9・30事件研究会を拠点にして、9・30事件が華僑・華人社会に与えた影響、事件におけるインドネシア共産党の役割、中国共産党の関与、などの課題を設定して、文献調査と現地取材に入っていった。そこにはいつも、倉沢先生と、のちに研究会に加わる松村智雄さんがいたので、彼らの助言を仰ぎ、中国広東省、香港、ジャカルタ、西カリマンタンなどで共同調査をした。台北には単身で調査に赴いた。調査研究をしながら、常に私の関心は、事件と文革とのミッシングリンクを繋ぐための鍵を見つけることにあった。インドネシアと中国双方の現代史に、研究者あるいは活動家として深く関わった増田与と杉山市平は、その謦咳に接することはなかったが、ミッシングリンクのはざまに立つ、貴重な先人だった。研究会に誘ってくださった後藤先生は、増田与の学統を直接に継いでいる。本書で参照した同時代資料のなかには、二人のコレクションを拝借したものが少なからずある。

本書の草稿について、後藤先生、倉沢先生、さらに博論以来ご指導を仰いでいる堀真清先生からは忌憚なきご意見をいただいた。

文革そのものに関しては、加々美光行先生、国分良成先生に、そのご著作からさまざまな教示を受け、また懇切なるご指導を受けてきた。王雪萍さんは、本書執筆にあたって参照価値の高い資料を紹介してくださった。楊海英（大野旭）さんからは、文革関連の二度の国際シンポジウムに発言者として招いていただき、さまざまな分野の研究者との交流を深めることができた。また、彼からの企画提案を受けて、『思想』（岩波書店発行）二〇一六年一月号の特集「過ぎ去らぬ文化大革命」の編集に携わった。楊さんのほか、加々美・

国分両先生にもお原稿を依頼し、力のこもった論文を寄せてくださった。

同年七月には、中国社会文化学会に招かれて、年度大会「文化大革命から五十年」というシンポジウムのラウンドテーブル会議で「文化大革命という亡霊」という基調報告をさせていただいた。このときの企画を担当したのが川島真先生、司会を担当したのが村田雄二郎先生であり、尾崎文昭先生、坂元ひろ子先生がコメントをくださった。

風神こと毛沢東を描くにあたっては、『毛沢東年譜』との出会いが大きかった。刊行されて間もないため、まだ研究者の間で本格的には使われていないようだ。文革を発動し実演した毛沢東の内在論理を知るうえで、むろん、編集された文献であることは割り引いたうえで、大変有用な基本文献となった。

この『年譜』をセットで寄贈してくれた中国の友人をはじめ、多くの中国の研究者・識者との討議を通して、本書を執筆するうえで多大な示唆や啓発を受けてきた。彼らの名前をここに記すことはできないが、しっかりと心に彼らのそのおりの表情と発言を銘記しておきたい。なによりも彼らに本書を読んでもらって、率直な感想や忌憚なき批正をいただきたい。

本書の出版にあたっては、平凡社新書編集長の金澤智之氏に、企画のご相談から刊行まで、ひとかたならぬお世話になった。

妻奈緒美は、どんな逆境にあるときでも、わたしの立場と信念を理解し、いつも変わらぬ笑顔で支援をしてくれた。そのおかげで本書に向き合うときは雑念なく集中が途切れることはなかった。

謝辞は以上のかたがたに尽きるわけではないが、深甚の感謝を申し上げます。

二〇一八年八月

横浜の寓居にて

馬場公彦

参考文献

英語文献

Benedict R.Anderson and Ruth T.Mcvey (with the assistance of Frederick P. Bunnell), *A Preliminary Analysis of the October 1, 1965, Coup in Indonesia*, Cornell University Press, Ithaca, New York,1971.

David Mozingo, *Chinese Policy toward Indonesia, 1949-1967*, Cornell University Press, Ithaca and London,1976.

Jess Melvin 2013, "Why Not Genocide? : Anti-Chinese Violence in Ache, 1965-1966", *Journal of Current Southeast Asian Affairs*, 32, 3, pp. 62-91

Nugroho Notosusanto and Ismail Saleh, *The Coup Attempt of the September 30 Movement in Indonesia*, Djakarta: Pembimbing.1968.

Robert Cribb and Coppel, Charles A.,2009, "A Genocide that never was: Explaining the myth of anti-Chinese massacres in Indonesia, 1965-66", *Journal of Genocide Research*, 11, 4, pp. 447-65

Taomo Zhou, China and the Thirtieth of September Movement, *Indonesia98*, October 2014, pp. 29-58①

Taomo Zhou, Ambivalent Alliance: Chinese Policy towards Indonesia, 1960-1965, *The China Quarterly*, March 2015, pp. 207-28②

中国語文献

陳鴻瑜著・国立編訳館編『中華民国与東南亜各国外交関係史（1912～2000）』鼎文書局、二〇〇四年

程映虹『毛主義革命：20世紀的中国与世界』田園書屋（香港）、二〇〇八年

黄昆章『印尼華僑華人史（一九五〇至二〇〇四）』広東高等教育出版社（広州）、二〇〇五年

李卓輝編著『奉献・犠牲・奮進・崛起：西加華人児女風雲録』聯通華文書業有限公司出版（ジャカルタ）、二〇一二年①

林世芳等著『西加風雲』砂隆印務公司（サラワク）、二〇一〇年

劉一斌「印尼〝九三〇事件〟発生后」『世界知識』、二〇〇六年第一期

彭蘇「国際共運史上的印尼惨案」『炎黄春秋』二〇〇九年第一期

銭理群『毛沢東時代和後毛沢東時代（一九四九―二〇〇九）：一種歴史書写』聯経出版（台湾）、二〇一二年①

徐友漁『形形色色的造反：紅衛兵精神素質的形成及演変』香港中文大学出版社、一九九九年

楊奎松「毛沢東与印度支那戦争」『毛沢東与莫斯科関係的恩恩怨怨』江西人民出版社、一九九九年

印紅標『失蹤者的足跡：文化大革命期間的青年思潮』香港中文大学出版社、二〇〇九年

インドネシア語文献

Kurasawa Aiko dan Matsumura Toshio (Editor), G30S DAN ASIA: DALAM BAYANG-BAYANG PERANG DINGIN, 2016, KOMPAS (Jakarta), 2016.

日本語文献

『飯塚浩二著作集　第四巻　アジアのなかの日本』平凡社、一九七四年
I・ウォーラーステイン（丸山勝訳）『ポスト・アメリカ――世界システムにおける地政学と地政文化』藤原書店、一九九一年
岡本宏編『「一九六八年」時代転換の起点』法律文化社、一九九五年
小熊英二『1968（上）若者たちの叛乱とその背景』新曜社、二〇〇九年
――『1968（下）叛乱の終焉とその遺産』新曜社、二〇〇九年
加々美光行『歴史のなかの中国文化大革命』岩波現代文庫、二〇〇一年
菅英輝『冷戦と「アメリカの世紀」――アジアにおける「非公式帝国」の秩序形成』岩波書店、二〇一六年
倉沢愛子『戦後日本＝インドネシア関係史』草思社、二〇一一年①
――「インドネシア九・三〇事件と社会暴力」『岩波講座東アジア近現代通史8　ベトナム戦争の時代一九六〇―一九七五年』岩波書店、二〇一一年②
――『9・30世界を震撼させた日――インドネシア政変の真相と波紋』岩波現代全書、二〇一四年③
――「九・三〇事件とインドネシアの華僑・華人社会――レス・プブリカ大学襲撃事件から見えること」『アジア・アフリカ言語文化研究』（東京外国語大学アジア・アフリカ言語文化研究所）九三号、二〇一七年三月④
厳家祺、高皋（辻康吾監訳）『文化大革命十年史（上・中・下）』岩波現代文庫、二〇〇二年

国分良成「中国の社会主義と文化大革命」『岩波講座東アジア近現代通史8』岩波書店、二〇一一年
小島優編『日中両党会談始末記――共同コミュニケはどうして破棄されたか』新日本文庫、一九八九年
後藤乾一『日本占領期インドネシア研究』龍渓書舎、一九八九年①
――「早稲田大学におけるインドネシア研究半世紀」工藤元男、李成市編『アジア学のすすめ第三巻アジア歴史・思想論』弘文堂、二〇一〇年②
近藤邦康『毛沢東実践と思想』岩波書店、二〇〇三年
蔡毅「中国・インドネシア関係秘史――毛沢東のアイディット追悼詩について」『南山大学アジア太平洋研究センター報』第五号、二〇一〇年
朱建栄『毛沢東のベトナム戦争――中国外交の大転換と文化大革命の起源』東京大学出版会、二〇〇一年
沈志華（朱建栄訳）『最後の「天朝」――毛沢東・金日成時代の中国と北朝鮮（上・下）』岩波書店、二〇一六年
鄒梓模（増田与編訳）『スカルノ大統領の特使――鄒梓模回想録』中公新書、一九八一年①
――（増田与編訳）「スカルノ大統領時代の終わりに」『社会科学討究』第四〇巻第二号一一七号、一九九四年②
絓秀実『革命的な、あまりに革命的な』作品社、二〇〇三年
菅野敦志『台湾の国家と文化――「脱日本化」・「中国化」・「本土化」』勁草書房、二〇一一年
杉山市平『インドネシア見聞記』私家版、一九九九年
銭理群（丸山昇訳）「「忘却」を拒絶する」『世界』二〇〇一年二月号②
――（阿部幹雄・鈴木将久・羽根次郎・丸川哲史訳）『毛沢東と中国（上・下）』青土社、二〇一二年③

田口三夫『アジアを変えたクーデター――インドネシア九・三〇事件と日本大使』時事通信社、一九八四年
田中恭子『国家と移民』名古屋大学出版会、二〇〇二年
谷川真一「中国文化大革命五〇周年――その「理想」と現実」『世界』二〇一六年八月号
千野境子『インドネシア9・30クーデターの謎を解く』草思社、二〇一三年
デビッド・コンデ（笠原佳雄訳）『インドネシアの変貌』弘文堂、一九六六年
ナオミ・クライン（幾島幸子、村上由見子訳）『ショック・ドクトリン――惨事便乗型資本主義の正体を暴く（上・下）』岩波書店、二〇一一年
西川長夫『パリ五月革命私論――転換点としての68年』平凡社新書、二〇一一年
西田慎、梅崎透編『グローバル・ヒストリーとしての「1968年」――世界が揺れた転換点』ミネルヴァ書房、二〇一五年
日本共産党中央委員会『日本共産党の七〇年一九二二―一九九二』新日本出版社、一九九四年①
日本共産党中央委員会『日本共産党の八〇年一九二二―二〇〇二』日本共産党中央委員会出版局、二〇〇三年②
橋本健二『新・日本の階級社会』講談社現代新書、二〇一八年
馬樹禮編著（陳鵬仁訳）『インドネシア独立運動史』致良出版社有限公司（台北）、二〇〇六年
馬場公彦『戦後日本人の中国像――日本敗戦から文化大革命・日中復交まで』新曜社、二〇一〇年①
――「中国の文革期外政におけるインドネシア要因――九三〇事件の影響」『現代中国』日本現代中国学会、八六号、二〇一二年②

――「九・三〇事件後の対インドネシア関係をめぐる中国・台湾の攻防」『アジア太平洋討究』（早稲田大学アジア太平洋研究センター）二六号、二〇一六年③
――『現代日本人の中国像――日中国交正常化から天安門事件・天皇訪中まで』新曜社、二〇一四年④
――「孤立した国の世界革命――1960年代後半 日本・中国・インドネシアの革命連鎖」楊海英編『フロンティアと国際社会の中国文化大革命――いまなお中国と世界を呪縛する50年前の歴史』集広舎、二〇一六年⑤
――他「文化大革命という亡霊（ラウンドテーブル）」『中国――社会と文化』三二号、二〇一七年⑥
原不二夫『未完に終わった国際協力――マラヤ共産党と兄弟党』風響社、二〇〇九年
福岡愛子『日本人の文革認識――歴史的転換をめぐる「翻身」』新曜社、二〇一四年①
――「六〇年代西側諸国にとっての文化大革命――日・仏・米それぞれの意味づけ」『思想』二〇一六年一月号②
福田正義『幾千万大衆と共に　福田正義　長周新聞論』長周新聞社、二〇〇二年
ベネディクト・アンダーソン（糟谷啓介、高地薫他訳）『比較の亡霊――ナショナリズム・東南アジア・世界』作品社、二〇〇五年
マイケル・リーファー（首藤もと子訳）『インドネシアの外交――変化と連続性』勁草書房、一九八五年
増田与『インドネシア』岩波新書、一九六六年①
――『インドネシア現代史』中央公論社、一九七一年②
松村智雄『インドネシア国家と西カリマンタン華人――「辺境」からのナショナリズム形成』慶應義塾大学出版会、二〇一七年

（ヘルベルト）マルクーゼ（清水多吉訳）『ユートピアの終焉——過剰・抑圧・暴力』中公クラシックス、二〇一六年
宮城大蔵『バンドン会議と日本のアジア復帰』草思社、二〇〇一年①
——『「海洋国家」日本の戦後史』ちくま新書、二〇〇八年②
矢吹晋『文化大革命』講談社現代新書、一九八九年
油井大三郎編『越境する一九六〇年代——米国・日本・西欧の国際比較』彩流社、二〇一二年
ユン・チアン、ジョン・ハリデイ（土屋京子訳）『マオ——誰も知らなかった毛沢東（上・下）』講談社、二〇〇五年
李志綏（新庄哲夫訳）『毛沢東の私生活（上・下）』文春文庫、一九九六年②
リチャード・ウォーリン（福岡愛子訳）『1968 パリに吹いた「東風」——フランス知識人と文化大革命』岩波書店、二〇一四年
ロデリック・マクファーカー、マイケル・シェーンハルス（朝倉和子訳）『毛沢東 最後の革命』青灯社、二〇一〇年

現代中国での事態の推移については、主に以下の年表・事典類を参照した。
天児慧、石原享一、朱建栄、辻康吾、菱田雅晴、村田雄二郎『岩波 現代中国事典』岩波書店、一九九九年
安藤正士『現代中国年表 一九四一—二〇〇八』岩波書店、二〇一〇年
現代日中関係史年表編集委員会『現代日中関係史年表 1950—1978』岩波書店、二〇一三年

王友琴、小林一美、安藤正士、安藤久美子共編共著『中国文化大革命「受難者伝」と「文革大年表」――崇高なる政治スローガンと残酷非道な実態』集広舎、二〇一七年

【著者】
馬場公彦（ばば きみひこ）
1958年生まれ。長野県伊那市出身。北海道大学大学院東洋哲学研究科修了、早稲田大学大学院アジア太平洋研究科博士課程満期修了、学術博士。専門は東アジア論・日中関係論・メディア論。中国伝媒大学（北京）名誉教授。出版社勤務。単著に『「ビルマの竪琴」をめぐる戦後史』（法政大学出版局）、『戦後日本人の中国像――日本敗戦から文化大革命・日中復交まで』（新曜社、大平正芳記念賞特別賞。中国語版『戦後日本人的中国観――従日本戦敗到中日復交』社会科学文献出版社）、『現代日本人の中国像――日中国交正常化から天安門事件・天皇訪中まで』（新曜社）がある。

平凡社新書８９１

世界史のなかの文化大革命

発行日――2018年9月14日　初版第1刷

著者――馬場公彦
発行者――下中美都
発行所――株式会社平凡社
東京都千代田区神田神保町3-29　〒101-0051
電話　東京（03）3230-6580［編集］
東京（03）3230-6573［営業］
振替　00180-0-29639
印刷・製本―株式会社東京印書館
装幀――菊地信義

ISBN978-4-582-85891-4
NDC 分類番号222.077　新書判（17.2cm）　総ページ336
平凡社ホームページ　http://www.heibonsha.co.jp/